AF502264

ÉCOLE MONGE

2e DIVISION. — 1re ANNÉE

COURS

DE

GÉOGRAPHIE HISTORIQUE

EUROPE

E. LAURAIN PROFESSEUR

PARIS
IMPRIMERIE SERINGE FRÈRES
PLACE DU CAIRE, 2

1875

DIVISION DU COURS

Le Cours de Géographie historique de l Europe peut se diviser en quatre parties : Europe ancienne, Europe du moyen âge, Europe moderne, Europe contemporaine. Ces quatre parties se subdivisent de la manière suivante :

1re Partie. — EUROPE ANCIENNE

(Du 20e siècle av. J.-C. à 395 ap. J.-C.)

TITRE Ier. — Les premiers peuples au xxe siècle avant Jésus-Christ.

TITRE II. — Période du xxe siècle à l'an 753 (fondation de Rome).

Chap. Ier. — Influence des progrès de la race scythique sur l'Occident.

Chap. II. — Colonies dans la Méditerranée. — Les premiers royaumes.

Chap. III. — Conséquences pour la situation de l'Europe en 753.

TITRE III. — Période de 753 à 323 (mort d'Alexandre le Grand).

Chap. Ier. — Marche des Scythes, son influence sur l'Occident.

Chap. II. — Commencements de Rome.

Chap. III. — Luttes entre les royaumes grecs, formation de l'empire d'Alexandre.

Chap. IV. — Europe en 323.

TITRE IV. — Période de 323 à 27 (avènement du premier empereur Auguste).

CHAP. Ier — Changements dans l'Europe barbare.

CHAP. II. — Extension de la République romaine aux dépens de la race celtique et des Carthaginois.

CHAP. III. — Europe en 27.

TITRE V. — Période de 27 à 395 (mort de Théodose).

CHAP. Ier. — Extension de l'Empire ; ses deux ennemis ; son partage.

CHAP. II. — Changements dans l'Europe barbare.

CHAP. III. — Europe en 395.

2e PARTIE. — EUROPE DU MOYEN AGE

(De 395 à 1453).

TITRE Ier. — Période de 395 à 476.

CHAP. Ier. — Divisions politiques des deux Empires.

CHAP. II. — Les invasions barbares ; chute de l'Empire d'Occident.

CHAP. III. — Europe en 476.

TITRE II. — Période de 476 à 561.

CHAP. Ier. — Événements dans l'Europe barbare jusqu'à 527.

CHAP. II. — Règne de Justinien.

CHAP. III. — Europe en 561.

TITRE III. — Période de 561 à 752 (avénement de Pépin le Bref).

CHAP. Ier. — Événements principaux.

CHAP. II. — Europe en 752.

TITRE IV. — Période de 752 à 843.

3e PARTIE. — EUROPE MODERNE

(De 1453 à 1789).

4e PARTIE.— EUROPE CONTEMPORAINE

(De 1789 à 1875).

PREMIÈRE PARTIE

EUROPE ANCIENNE

TITRE Ier

L'EUROPE AU 20e SIÈCLE AV. J.-C.

Toutes les traditions nous apprennent que l'Arménie, province de l'Asie occidentale, est le berceau de l'humanité, et que le genre humain tire son origine des trois fils de Noé : Sem, Cham et Japhet.

En 2907, la dispersion des hommes commence : la postérité de Sem s'étend dans l'Asie, celle de Cham dans le sud-ouest de l'Asie et dans l'Afrique, celle de Japhet occupe successivement toutes les parties de l'Europe.

Cette dernière, appelée Blanche ou Caucasienne, comprend trois races, disposées au xxe siècle de la manière suivante :

I, — Race Celtique.

1° les *Pélasges*, dans les Péninsules hellénique et italique ;

2° les *Ibères*, dans la Péninsule hispanique.
dans l'Italie septentrionale (Étrusques),
sur les côtes de la Méditerranée (Ligures),
dans le sud de la Gaule (Aquitains) ;

3° les *Galls* ou *Celtes*, dans la Gaule et dans les îles d'Albion et d'Hibernie.

II. — Race Teutonique.

1° les *Kimris* ou *Cimbres*, sur les côtes du Pont-Euxin et du Palus Mœotide ;

2° les *Goths*, dans la Péninsule scandinave ;

3° les *Teutons*, sur les côtes S.-E. de la Baltique.

III. — Race Slave, divisée en deux masses.

<table>
<tr><td rowspan="5">1re Masse.</td><td colspan="2">1° les Venètes au N.-E. de la Péninsule italique.</td></tr>
<tr><td>2° les Illyriens au N.-E.</td><td rowspan="2">de la Péninsule hellénique.</td></tr>
<tr><td>3° les Thraces au N.-O.</td></tr>
<tr><td>4° les Mœsiens au S.</td><td rowspan="2">du Bas-Ister.</td></tr>
<tr><td>5° les Daces au N.</td></tr>
</table>

2e *Masse.* — Restée au delà du Tanaïs, pressée à l'est par les Scythes de la race Tartare (postérité de Sem), lesquels occupent déjà l'Océan Glacial sous le nom de Finnois, et s'échelonnent jusqu'à la mer Orientale, sous les noms de Sarmates, Bulgares, Alains, Avares, Huns, Khazars, Magyars, Mongols et Turcs.

TITRE II

PÉRIODE DU 20e SIÈCLE A 753

(Fondation de Rome)

Les changements qui surviennent sont les conséquences de deux mouvements se produisant au nord-est et au sud-est.

CHAPITRE Ier.

Influence des progrès de la Race Scythique sur l'Occident.

Les Scythes, poussés par les peuples de l'Asie orientale, entrent en Europe, chassant devant eux la deuxième masse slave. D'où il résulte pour les autres races que :

1° Les Teutons vont s'étendre du côté des Galls;

2° Les Galls vont passer les Pyrénées et les Alpes, soit pour se mélanger aux Ibères avec lesquels ils formeront les peuples de Celtibères et de Gallice, soit pour déverser deux de leurs tribus dans l'Italie septentrionale, les Insubres et les Ombriens;

3° Les Ibères seront obligés d'occuper les îles Baléares, de Cyrnoz, d'Ichnuse, de Sicanie et de Melita.

Les autres peuples ne subissent aucun changement.

CHAPITRE II.

Mouvement du Sud-Est; les premiers royaumes.

Ce sont les habitants des côtes de la Méditerranée orientale qui, obéissant à leur nature commerçante, viennent tout d'abord dans la Péninsule hellénique où les premières villes se fondent; ce sont :

En 1681 Sparte, fondée par l'Égyptien Lélex
En 1643 Athènes.................... Cécrops
En 1572 Argos...................... Danaüs.

Puis une colonie phrygienne, conduite par Pélops, vient occuper le Péloponnèse, pendant que les Hellènes ou Grecs s'établissent dans la partie septentrionale.

Les royaumes commencent alors dans la Péninsule hellénique et la fusion des nations nouvelles et des Pélasges les pousse à coloniser à leur tour, soit les côtes de l'Asie-Mineure, soit enfin et surtout le sud de l'Italie qu'ils appellent Grande Grèce. Cette colonisation est vue d'un mauvais œil par les peuples voisins en Asie, et elle n'est définitive qu'après le siége et la prise de Troie (1280-1270).

Quant aux Pélasges de la Péninsule italique, ils n'ont subi la fusion que dans la partie méridionale. Ceux du centre portent le nom d'*Aborigènes* et ils fondent quatre royaumes principaux : celui des *Sabins,* celui des *Samnites*, la *Campanie*, capitale Capoue, et surtout le *Latium*, capitale Albe.

Enfin, apparaissent les *Phéniciens*, qui fondent *Carthage* en 860, sur les côtes d'Afrique, et qui de là vont rayonner sur toutes les côtes et les îles de la Méditerranée occidentale (Melita, Sicile, Sardaigne, Corse, Baléares et côtes d'Espagne).

CHAPITRE III.

Europe en 753, emplacement des Races.

Race Scythique. — Toute l'Europe orientale de l'Océan Glacial (Finnois), au Caucase (Sarmates).

Race Teutonique. — Presqu'île Scandinave. — Goths.
Mers Baltique et du Nord. — Teutons.
Pont-Euxin et Palus Mœotide. — Kimris.

Race Slave. — Entre Vistule et Borysthène. — 2e masse.

Au N.-E. de la Péninsule italique. — Vénètes.
Au N.-O. } de la Péninsule hellénique. { Illyriens.
Au N.-E. } { Thraces.
Au S. de l'Ister. — Mœsiens.
Au N. id. — Daces. } 1re Masse.

Race Celtique. — Péninsule hispanique. — Ibères, Celtibères, Galls.

Gaule méridionale. — Ibères (Aquitains et Ligures).

Centrale et Septentrionale. — Galls.

Iles de l'Océan. — Galls.

Péninsule italique. — Septentrionale. — Ibères (Étrusques), Galls (Insubres, Ombriens).

Centrale. — Pélasges Aborigènes. — Latium. Campanie, Sabins, Samnites.

Méridoniale. — Grande Grèce.

Péninsule hellénique. — Septentrionale. — Épire (Dodone), Thessalie (Larisse), Macédoine (Pella).

Centrale ou Hellade. — Attique (Athènes), Béotie (Thèbes).

Méridionale ou Peloponnèse. — Sparte, Argos, Messène.

Phéniciens et Carthaginois. Iles et côtes de la Méditerranée occidentale.

TITRE III

PÉRIODE DE 753 A 323

(Mort d'Alexandre le Grand.)

CHAPITRE Ier.

Marche des Scythes, son influence sur l'Occident.

Au VIIe siècle les *Sarmates* abandonnent le Caucase et s'étendent jusqu'à l'Hypanis.

De ce mouvement il résulte que :

1° Les *Kimris* vont s'établir entre les Teutons et les Galls, entre l'Oder et la Seine et dans la Chersonèse cimbrique. Ils laissent en Bohême leur tribu des *Boïo-heim*, dans l'île d'Albion celle de *Brydain*, et celle des Belges presse à l'ouest les Galls ;

2° Les *Teutons* sont obligés d'envoyer leur tribu des *Quades* au sud des Sudètes ;

3° Les Galls de l'île d'Albion vont occuper la Calédonie ; ceux de la Gaule septentrionale se mêlent aux Kimris; ceux de la Gaule méridionale conservent leurs cantonnements ; enfin, les tribus du centre se divisent, en 587, en deux groupes qui émigrent : le premier, conduit par Bellovèse, franchit les Alpes, s'unit aux Euganéens, aux Ligures, aux Vénètes et aux Insubres, et repousse les Etrusques au sud de la Macra et de l'Utis, pour fonder la Gaule cisalpine sous le nom de *Boïens*. Le deuxième groupe, sous les ordres de Sigovèse, s'étend sur tout le bassin rive droite de l'Ister où il fonde la Vindélicie, la Rhétie, le Norique, la Pannonie et le Scordisque.

Quant aux Phéniciens et aux Carthaginois, ils traversent le détroit d'Hercule, après avoir occupé les côtes Liguriennes, et poussent jusqu'aux Cassitérides et à Thulé.

CHAPITRE II.

Commencements de Rome.

En 753, Romulus, petit-fils d'un roi du Latium détrôné, fonde sur le Tibre une bourgade qu'il appelle Rome, qui devient un repaire de malfaiteurs et dont il se fait le premier roi.

En 745, les Sabins sont obligés d'accepter l'alliance de leurs nouveaux voisins, et en 640, Albe étant vaincue et détruite, le royaume du Latium devient le royaume romain. En 509 le Latium devient République après avoir obéi à sept rois et la nouvelle République romaine va imposer ses lois à tous ses voisins.

En 342 elle commence par la Campanie et ses limites s'étendent au sud jusqu'à la Grande Grèce.

CHAPITRE III.

Lutte entre les Royaumes grecs. — Formation de l'Empire d'Alexandre.

Parmi les huit royaumes de la Péninsule hellénique, deux surtout deviennent puissants :

Au sud, *Sparte,* forte de la législation de Lycurgue (884), devient dès 547 prépondérante dans le Péloponnèse. grâce aux guerres de Messénie.

Au centre, *Athènes,* grâce aux lois de Solon (590), commande à toute la Hellade.

Mais en 490 la rivalité éclate : les colonies grecques d'Asie, tyrannisées par les rois de Perse et de Médie, appellent à leur secours les Grecs d'Europe. Les guerres médiques commencent et durent jusqu'en 449, époque où l'Athénien Cimon impose aux Perses l'indépendance des Grecs d'Asie.

En 449, la suprématie appartient à *Athènes*. Sparte jalouse attaque sa rivale, et la guerre du Péloponnèse va durer vingt-sept années (431-404).

En 404, *Sparte* est victorieuse. Mais les rois de Perse ont voulu profiter des dissensions précédentes pour essayer de recouvrer les colonies perdues ; la lutte recommence donc sous la conduite de Sparte, et elle se termine en 387 par le honteux traité d'Antalcidas qui livre aux Perses les villes grecques de l'Asie. L'indignation éclate contre Sparte.

En 378 le soulèvement est conduit par la Béotie et Sparte est vaincue. Le commandement passe dès lors à Thèbes, que son général Epaminondas rend bientôt maîtresse de la Macédoine et de la Thrace.

En 363 les dissensions recommencent, Epaminondas est tué, le roi de Macédoine, Philippe II, affranchit d'abord sa patrie et soumet bientôt toute la Grèce. Son fils Alexandre continue son œuvre, attaque le roi de Perse pour anéantir le traité d'Antalcidas, et fait la conquête non-seulement de l'Asie-Mineure, mais encore de tout le pays compris entre le Pont-Euxin, le Caucase, la Caspienne, l'Oxus, les golfes Persique et Arabique et la Grande Syrte.

CHAPITRE IV.

Europe en 323.

Europe orientale. — Race scythique de l'Océan Glacial (Finnois) au Pont-Euxin (Sarmates).

Europe Septentrionale. Presqu'île scandinave. — Goths.

Europe Centrale. — Slaves (2e masse).

id. Mer Baltique jusqu'à l'Oder. — Teutons.

id. Entre les Sudètes, la Bohême et l'Ister. — Teutons (Quades),

id. Entre l'Oder, le Danube et le Rhin. — Kimris.

Europe Occidentale. — Iles d'Albion. — Kimris (Brydain).

id. Calédonie et Hibernie. — Galls.

id. Gaule entre Rhin et Seine. — Kimris-Belges

id. entre Seine et Gironde. — Gallo-Kimris

id. entre Gironde et Alpes. — Galls.

id. Méditerranée. — Ibères (Ligures).

id. Pyrénées. — Ibères (Aquitains).

Europe Méridionale. — Péninsule hispanique. — Ibères et Galls.

id. Péninsule italique. — Au Nord jusqu'à la Macra et l'Utis. — Gaule cisalpine.

id. Au centre jusqu'au Silarus et au Frento. — Ibères (Etrusques). Samnites. République romaine.

id. Au Sud. — Grande Grèce.

id. Entre l'Ister et les Alpes. — Galls.

id. Côtes de l'Adriatique. — Illyriens.

id. Nord du Bas-Ister. — Daces.

id. Sud du Bas-Ister. — Mœsiens.

id. Péninsule hellénique. — Empire d'Alexandre.

id. Iles et côtes de la Méditerranée orientale. — Empire d'Alexandre.

Iles de l'Océan, îles et côtes de la Méditerranée occidentale. — Phéniciens et Carthaginois.

N. B. — Le nom de Pélasges a disparu.

TITRE IV

PÉRIODE DE 323 A 27 AV. J.-C.

(Avénement d'Auguste.)

CHAPITRE Ier

Changements dans l'Europe barbare

Deux mouvements se produisent dans l'Europe orientale et dans l'Europe septentrionale. La race Scythique avance jusqu'à la Vistule, quatre peuplades apparaissent ; les Bulgares le long du Rha ou Bolga, les Alains et les Avares au Caucase, les Huns blancs ou Nephtalites aux bouches du Daïx, les Huns noirs entre les bouches du Rha et celles du Tanaïs. Poussés par ces quatre peuples, les Sarmates franchissent les collines de Pologne, chassant devant eux la deuxième masse des Slaves, qui s'établit sur les côtes de la Baltique entre la Vistule et les Finnois.

Au nord une nation asiatique, les Scandinaves, vient prendre possession de la Péninsule qui porte son nom; les Goths sont obligés de se séparer et la plus grande partie vient occuper les bouches de la Vistule.

Sous l'influence de ces deux mouvements, les Teutons appuient vers l'ouest, s'unissent aux Kimris de la mer du Nord, et les deux peuples, confondus sous le nom de Germana (hommes de guerre), donnent le nom de *Germanie* au territoire qu'ils occupent. Ce territoire est composé des Vandales, des Angles, des Jutes, des Danes, des Saxons, des Frisons, des Francs, des Suèves, des Quades et des Boïoheim, auxquels sont venus se joindre les Boïens après leur expulsion de la Gaule Cisalpine.

Pas de changements dans les cantonnements des autres peuples.

CHAPITRE II

Extension de la République romaine

En 323, à la mort d'Alexandre, son empire est partagé par ses généraux en quatre monarchies : l'Egypte, l'Asie ou Syrie, et deux en Europe, la Thrace et la Macédoine. Les dissentions éclatent bientôt, et c'est l'occasion dont Rome va profiter pour intervenir en Orient.

D'un autre côté, la République romaine est attaquée par les peuples ses voisins, qui se liguent pour entraver ses projets ambitieux. Elle soutient la lutte avec succès, et, en 282, elle est maîtresse du Samnium et de l'Étrurie. Les colonies grecques s'effraient à leur tour, appellent à elles la métropole, et l'intervention de Pyrrhus, roi d'Épire, ne peut empêcher la conquête (246).

La possession de l'Italie péninsulaire n'est pas suffisante ; il faut à Rome les îles italiennes et l'Italie septentrionale.

Les premières appartiennent aux Carthaginois ; la deuxième dépend des Gaulois. De là les guerres puniques et celles des Gaules. Les guerres puniques entraîneront les Romains à la conquête des possessions carthaginoises de l'ouest, c'est-à-dire des côtes de l'Espagne et de la Bétique; en outre, il leur faudra se garantir contre les Ibères, leurs nouveaux voisins, et par conséquent lutter contre eux.

En conséquence, l'extension de la *République romaine* se fera des quatre côtés à la fois au moyen de quatre guerres simultanées : guerres puniques au sud (264-146), guerres des Gaules au nord (232-50), guerres d'Espagne à l'Ouest (200-133), guerres d'Orient (214-30).

Dates.	SUD Guerres Puniques	OUEST Guerres d'Espagne	NORD Guerres des Gaules	ORIENT
241.	Sicile.			
238.	Sardaigne.			
237.	Corse.			
202.		Côtes et Bétique,		
189.				Côtes de l'Asie jusqu'au Taurus.
163.			Gaule cisalpine, Illyrie.	Épire.
146.	Afrique carthaginoise.			Grèce et Macédoine
133.		Celtibères, Lusitaniens, Galice,		
130.				Chersonèse de Thrace.
120.				Asie mineure.
118.			Narbonaise.	
63.				Syrie.
54.			Gaule entière.	
30.				Égypte.

CHAPITRE III

Europe en 27

L'Europe se divise en deux parties : l'Enrope barbare et l'Europe romaine. Ces deux parties sont séparées par tout le cours du Rhenus, les Alpes orientales, les monts Scardus et Hémus, l'Hèbre.

L'Europe barbare comprend :

1° Les îles de l'Océan occupées par les Galls dans l'Hibernie, les Kirmis Brydain dans la Bretagne, les Galls (Pictes et Scots) dans la Calédonie, les Phéniciens dans les Cassitérides et Thulé ;

2° La presqu'île Scandinave, partagée entre les Goths au sud et les Scandinaves (Suéions) au nord ;

3° L'Europe septentrionale et orientale partagée entre les Slaves, deuxième masse, entre la Vistule et les Finnois, et les Scythes depuis l'Océan Glacial (Finnois) jusqu'à la Vistule, le Tyras et le Pont-Euxin (Sarmates).

4° La Prusse actuelle propre, habitée par les Goths;

5° La Germanie, comprise entre le Rhin, l'Ister, la Vistule, le golfe Codan, l'Océan Germanique;

6° Le Bas-Ister, rive gauche, occupé par les Daces ;

7° Le bassin complet de l'Ister, rive droite, occupé par les Galls, les Mœsiens, et les Thraces ,

8° Les côtes méridionales de la mer Cantabrique, partagées entre les Ibères (Astures, Cantabres et Vascons).

L'Europe romaine se compose de la Péninsule Hispanique, moins les côtes de la mer Cantabrique, de la Gaule complète, de la Péninsule Italique, de l'Illyrie, de la Péninsule Hellénique. de la Chersonèse, de Thrace et de toutes les îles de la Méditerranée. Elle fait partie du territoire romain dont les bornes sont :

Au nord : le Rhenus, les Alpes orientales, le Scardus, l'Hémus, la Thrace, le Pont-Euxin ;

A l'est : l'Asie supérieure, le Taurus, le Liban, le golfe Arabique ;

Au sud : le désert de Libye, la Tripolitaine, la Numidie et la Maurétanie ;

A l'ouest : l'Océan Atlantique, les Pyrénées occidentales, la Bidassoa et l'Océan Atlantique et Germanique jusqu'aux bouches du Rhin.

TITRE V

PÉRIODE DE 27 AV. J.-C. A 395 AP. J.-C.

(Mort de Théodose.)

CHAPITRE 1er

Extension de l'Empire Romain, ses deux ennemis, son partage.

Lorsque le général Octave a conquis l'Égypte, il reçoit à son retour les honneurs du triomphe et le nom d'Imperator Augustus. La République est donc abolie et la monarchie rétablie sous le nom d'Empire. L'administration nouvelle s'introduit dans toutes les parties du territoire, mais elle demande à être consolidée, et c'est dans ce but que les empereurs vont continuer l'extension des limites romaines jusqu'à la soumission complète des races Celtique et Slave (1re masse). Il leur manque, dans la première, les Galls de l'Hibernie, les Gallo-Kimris de Brydain, les Galls de l'Ister et les Ibères. Pour la deuxième, les Mœsiens, les Daces et les Thraces. Cette conquête se termine en 106, sous l'empereur Trajan.

Dates	SUD	OUEST	NORD	EST
25.	Tripolitaine et Numidie.			
24.		Espagne complète.		
15.			Rhétie, Vindelicie, Norique.	
8.			Pannonie.	
12.				Mœsie.
42.	Maurétanie.			
44.		Bretagne inférieure		
46.				Thrace.
85.		Bretagne.		
90.			Agri Decumates.	
106.				Dacie Trajane.

En l'année 106, les limites extrêmes sont donc atteintes, mais elles se trouvent d'autant plus difficiles à défendre qu'elles sont plus étendues et que les peuplades voisines sont plus resserrées. Le gouvernement impérial devient, de son côté; de plus en plus énergique pour empêcher toute tentative barbare. La tyrannie engendre des révoltes, les révoltes favorisent les invasions, et les empereurs ne parviennent à arrêter le fléau que par des répressions violentes. Bientôt un nouvel ennemi vient se joindre au précédent : une religion nouvelle vient de naître, elle se propage rapidement dans les classes inférieures de la société romaine, les empereurs opposent une résistance vigoureuse aux progrès du Christianisme, mais les progrès s'accentuent davantage au fur et à mesure des persécutions et des supplices. Rome a donc à lutter dès lors contre deux fléaux. En 312, Constantin essaye de conjurer le danger en acceptant la révolution religieuse, Rome est chrétienne et la capitale de l'empire est transférée à Constantinople.

Les invasions barbares ont été jusqu'alors repoussées, mais avec des difficultés et des sacrifices considérables. Enfin l'empereur Théodose voit qu'un territoire aussi vaste rend la couronne trop lourde pour un seul homme, et en 395 l'empire romain est partagé en deux : empire d'Orient ayant pour capitale Constantinople, empire d'Occident ayant pour capitale Milan (Rome étant devenue le Saint-Siége).

CHAPITRE II

Changements dans l'Europe barbare

Au IIe siècle, le groupe des Goths de la Vistule, resserré entre les Kimris à l'ouest et les Slaves (deuxième masse) au sud et à l'est, viennent soumettre les Slaves leurs voisins du sud, puis les Sarmates, et parviennent à fonder un empire compris entre la Germanie (Vistule), l'empire Romain, le Pont-Euxin et le Tanaïs, laissant les côtes de la Baltique aux Antes et aux Vénèdes (Slaves de l'est).

En 376, les mouvements qui se produisent dans le nord de l'Asie amènent les Khazars sur les bords de la Caspienne, les Huns blancs, les Huns noirs et les Alains se réunissent et font la conquête de l'empire Goth, imposant leur domination aux Slaves du sud et aux Ostrogoths ou Goths de l'est. Quant aux Goths de l'ouest, ou Wisigoths, ils ne veulent pas accepter le joug des Huns, traversent le Tyras et parviennent à imposer leur alliance à l'empereur Théodose qui leur accorde la partie orientale de la Dacie Trajane.

Pas de changements chez les autres peuples.

CHAPITRE III

Europe en 395

Europe barbare. — Elle comprend :

1° au nord : la Calédonie, habitée par les Galls (Scots) et l'Hibernie (Galls), la Péninsule Scandinave, occupée par les Suéions et les Goths, l'Océan Glacial habité par les Finnois;

2° à l'est : les versants de la mer Caspienne et du Pont-Euxin partagés entre les peuples de la race Scythique : Khazars, sur la mer Caspienne; Avares, au Caucase; Bulgares, sur le Rha; Huns, Sarmates et Alains, entre la Vistule et le Tanaïs;

3° au centre : la deuxième masse Slave divisée en trois groupes : les Antes, entre le Rudon et les Finois; les Venèdes, entre le Rudon et la Vistule ; les Slaves propres soumis aux Huns;

La race germanique comprenant : les peuples de la Germanie propre (Vandales, Rugiens, Angles, Jutes, Danes, Saxons, Frisons, Francs, Burgondes, Suèves, Lombards et Marcomans);

Les Goths, divisés en Gépides et Ostrogoths, soumis aux Huns, et en Visigoths et Hérules, alliés des Romains.

Europe romaine. — Elle se compose de la Péninsule Hispanique, de la Gaule, de la Bretagne, de la Péninsule Italique, de la Péninsule Hellénique, et de tout le bassin rive droite de l'Ister. Elle fait partie de l'empire Romain dont les limites sont :

1° au nord : la Calédonie, le Rhin, le Mayn, la forêt Noire, le Danube, le Tibiscus, les Carpathes et le Tyras.

2° à l'est : le Pont-Euxin, le Caucase, la Caspienne, l'Asie supérieure, l'Arabie, le golfe Persique.

3° au sud : les déserts de Lybie et d'Afrique.

4° à l'ouest : l'Océan Atlantique et la mer d'Hibernie.

Les peuples de la race Celtique se sont fondus dans l'élément romain et ne laissent de traces que dans l'Hibernie et la Calédonie.

La race Slave (première masse) a disparu.

Il reste la race Slave (deuxième masse), la race Germanique et la race Scythique.

DEUXIÈME PARTIE

EUROPE DU MOYEN AGE

TITRE Ier

PÉRIODE DE 395 A 476

CHAPITRE Ier

Divisions politiques des deux Empires.

Chaque empire est divisé en préfectures ou exarquats, chaque préfecture en diocèses, chaque diocèse en provinces, d'après le tableau suivant :

			PROVINCES.
Empire d'Occident Mediolanum	Préfecture d'Italie Mediolanum.	Rome................	10
		Italie-Mediolanum.....	7
		Illyrie-Salona.........	7
		Afrique-Carthago......	5
	Préfecture des Gaules Treveri	Espagne-Carthago Nova	7
		Gaules-Treveri........	17
		Bretagne-Eboracum....	6
Empire d'Orient Constantinopolis	Préfecture d'Orient Constantinopolis	Égypte-Alexandria.....	6
		Asie-Ephesus.........	11
		Pont-Nicomédie.......	11
		Orient-Antiochia.......	15
		Thrace-Constantinopolis	6
	Préfecture d'Illyrie Sardica	Macédoine-Corinthus...	6
		Dacie-Sardica........	5

Deux changements sont à signaler dans ces divisions : 1° en 404, Mediolanum est remplacée par Ravenna; 2° en 412, Treveri est remplacée par Arelate.

CHAPITRE II

Les Invasions barbares, chute de l'empire d'Occident.

Les grandes invasions qui se produisent sont le résultat de la marche des Huns. On a vu déjà que, sous l'influence des progrès de ce peuple, deux points de l'empire étaient occupés : les bouches du Rhin et de la Meuse par les Francs, la rive gauche du bas Ister par les Wisigoths. A partir de 395, les Huns continuent leur marche, ramassant tous les peuples qui se trouvent sur leur passage (Alains, Slaves, Ostrogoths, Gépides, Boïens, Quades, Rugiens et Lombards), et vont faire la conquête de tout l'Occident. Mais en 451 leur chef Attila est battu par les peuples réunis de la Gaule dans les plaines de Châlons-sur-Marne, entre dans l'Italie qu'il ravage, et vient mourir en 453 en Pannonie. C'est alors que la bande se disperse : les Huns, proprement dits, reviennent sur la mer Caspienne, où ils se joignent aux Avares (Hun-ari, Hongrois), les Alains se joignent aux Wisigoths du sud de la Gaule, les Slaves prennent la place des Huns dans leur ancien empire, les Ostrogoths font la conquête de l'ancienne Mœsie, les Gépides occupent la Dacie trajane, les Lombards s'établissent entre la Drave, le Tibiscus et les Carpathes ; les Rugiens et les Quades entre la Bohême, le Danube et les Sudètes ; enfin les Boïens ou Boïariens dans la Vindélicie et le Norique (Bavarois).

Quant aux peuples qui ont échappé à la soumission des Huns, c'est-à-dire les Alamans, les Burgondes, les

Francs, les Vandales, les Saxons, les Wisigoths et les Hérules, ils ont fait les conquêtes suivantes :

1° Les Suèves se divisent en trois parts : les Suèves propres qui vont en 409 occuper l'Espagne occidentale, les Alamands qui en 426 soumettent les Agri-Decumates, les Thurs, enfin, qui fondent le royaume de Thuringe.

2° Les Burgondes soumettent en 406 le bassin de la Saône et du Rhône jusqu'à l'Ardèche et la Durance.

3° Les Francs s'emparent de Tréveri en 412 et parviennent à la Somme en 428.

4° Les Vandales envahissent l'Espagne orientale et méridionale en 409 et s'étendent en 439 en Afrique, où ils fondent un empire ayant pour capitale Carthage.

5° Les Saxons débarquent en Bretagne, fondent en 455 le royaume de Kent (Cantorbery) et obligent les Bretons à se réfugier dans l'Armorique.

6° Les Wisigoths entrent en Gaule, où ils fondent le royaume de Toulouse, puis pénètrent en Espagne, chassent les Vandales jusqu'à l'ancienne Bétique (Vandalitia, Andalousie), refoulent les Suèves dans la Gallice, et prennent pour capitale Tolède. Ils donnent à leurs alliés les Alains les côtes de la Méditerranée situées au nord de l'Èbre et appelées Catalogne (Gothi-Alani).

7° Les Hérules, sous le commandement d'Odoacre, envahissent l'Illyrie et s'emparent de la capitale de l'empire d'Occident, en 476, sur l'empereur Romulus-Augustule.

CHAPITRE III

Europe en 476.

L'Europe romaine ne comprend plus que l'empire d'Orient, et encore celui-ci a perdu la partie de la Thrace située entre l'Ister et le mont Hémus.

Quant à l'Europe barbare, elle se compose :

Espagne : des Suèves en Gallice, des Vandales au sud et des Visigoths.

Gaule : des Wisigoths au S.-O., des Romains au centre, des Francs au N., des Burgondes à l'E., des Hérules au S.-E.

Italie et Illyrie : Hérules.

Iles britanniques : Hibernie : Gaulois.
— Calédonie, Scots.
— Bretagne : Bretons et royaume saxon de Kent.

Péninsule scandinave : Suéions, Goths.

Océan Glacial : Finnois.

Europe orientale : Bulgares, Khazars à l'est du Rha.
— Huns et Avares entre le Palus-Mœotide et la Caspienne.
— Slaves comprenant :
les Antes réunis aux Finnois, les Venèdes (Tcheks, Lettons, Borusces, Poléniens, Moraves, Serbes, etc.).
les Slaves propres (Slavons, Croates, Bosniens, etc.).

Europe centrale : Germanie : Danes, Angles, Saxons, Alamans (Souabe), Thurs (Thuringe), Marcomans, Rugiens et Quades (Rugiland).

— Ister (rive droite) : Boïariens (Bavière), Ostrogoths, Lombards.

— Ister (rive gauche) : Lombards et Gépides.

TITRE II

PÉRIODE DE 476 A 561

CHAPITRE Ier

L'Europe barbare jusqu'à 527.

Les mouvements commencés continuent, les principaux peuples barbares de la race germanique prennent possession de l'Europe centrale et occidentale. On sait que les *Francs* sônt parvenus à occuper presque toute la Gaule, ne laissant aux Visigoths que la Septimanie.

Les *Saxons* fondent en 491 dans la Bretagne trois royaumes nouveaux : Essex, Sussex, Wessex,

Les *Ostrogoths* s'emparent en 495 du royaume des Hérules et vont donner la main aux Wisigoths ; les Hérules se retirent dès lors dans le Rugiland, où les Lombards les soumettent.

Pas de changements ailleurs.

CHAPITRE II

Le règne de l'empereur Justinien.

A partir de 527, les royaumes se consolident : les Francs sous Clotaire Ier, les Slaves fondent Kiev et Novgorod, et lancent en Germanie les Poméraniens, et en Bohême les Tcheks. Les Angles vont se mêler aux Saxons et fonder le Northumberland; les Avares et les Bulgares s'emparent des côtes de la mer Noire, et occupent les bassins du Don et du Volga.

Quant à l'empire d'Orient, il essaye de profiter des dissensions amenées par le partage des dépouilles de l'Occident pour intervenir. Justinien et son général Bélisaire parviennent à soumettre les Vandales d'Afrique en 534, puis les Ostrogoths d'Italie en 545. Il ne manque plus à l'ancien Empire romain que l'Espagne, la Gaule et la Bretagne.

C'est alors que les Lombards profitent de la chute des Ostrogoths pour leur prendre la Bavière et pour se rapprocher de l'Italie à leur tour.

CHAPITRE III

Europe en 561.

L'Europe romaine comprend toute la Péninsule italique, l'Illyrie jusqu'à la Drave, et le Danube jusqu'au Pont-Euxin.

Quant à l'Europe barbare, elle se compose :

Péninsule hispanique : Wisigoths et Suèves,

Gaule : royaume des Francs (Austrasie avec la Thuringe et l'Allemanie, Neustrie, Aquitaine,

Bourgogne), Bretagne Armoricaine, Vascogne, Septimanie.

Iles de l'Océan : Bretons, Scots, royaume Angle de Northumberland (York).

— Royaumes saxons de Kent (Cantorbury), Essex (Londres) Sussex (Chichester), Wessex (Winchester).

Germanie ; Saxons, Angles, Danes, Slaves, Poméraniens.

Bohême : race slave des Tcheks.

Royaume des Lombards : Bavière, Rugiland ou Moravie et Gépides.

Royaume des Slaves : Kiev et Novgorod, Borusces, Lettons, Poléniens.

Presqu'Ile scandinave : Suéions et Goths.

Océan Glacial : Finnois.

Europe orientale : Bulgares et Avares, Huns, Khazars, Magyars.

TITRE III

PÉRIODE DE 561 A 752

(Avénement de Pépin le Bref.)

CHAPITRE Ier

Événements principaux.

Au nord deux peuples s'étendent :

1° Les Slaves s'établissent jusqu'à l'Elbe et la Saale, et fondent Cracovie en 600.

2° Les Angles vont fonder en Bretagne deux royaumes nouveaux : la Mercie et l'Estanglie.

Au sud, l'empire d'Orient est attaqué par quatre peuples :

1° Les Bulgares passent le Pruth et viennent conquérir l'ancienne Mœsie ;

2° Les Serbes ou Sorabes de la race slave enlèvent à l'empereur l'Illyrie ;

3° Les Lombards abandonnent leur ancien royaume et font la conquête de l'Italie septentrionale et méridionale en 568, et ils y ajoutent en 752 l'exarchat de Ravenne ou Pentapole (Rimini, Fano, Sinigaglia, Pesaro et Ancône) ;

4° Un peuple nouveau, les Arabes, maître déjà de la Perse, soumet la Syrie, l'Égypte, l'Afrique, et de là, passant en Europe, refoule les Wisigoths dans le nord de l'Espagne et s'empare de la Péninsule jusqu'au Douro, l'Èbre et les Pyrénées.

De là cinq résultats pour les autres peuples :

1° Les Wisigoths, réunis aux Suèves, n'occupent plus que les Asturies et le Léon ;

2° Les Francs prennent la Bavière abandonnée par les Lombards ;

3° Les Avares viennent remplacer les Lombards dans le Rugiland et dans le territoire des Gépides ;

4° Les Khazars et les Magyars remplacent à leur tour les Avares et les Bulgares ; et 5° ils sont remplacés par un nouveau peuple, les Tartares ou Mongols.

Quant aux Scots, aux Suéions ou Suédois, aux Saxons, aux Danes, aux Finnois, ils n'ont pas changé.

CHAPITRE II

Europe en 752.

L'Europe romaine ne se compose plus que de la Sicile, de la Macédoine et de la Thrace, elle appartient encore à l'empire d'Orient ; mais celui-ci ne possède en dehors de l'Europe que l'Asie mineure, et prend le nom d'Empire grec.

Quant à l'Europe barbare, elle comprend :

1° Le royaume arabe d'Espagne qui va devenir le califat de Cordoue ;

2° Le royaume wisigoth, des Asturies et Léon ;

3° Le royaume des Francs, en y comprenant la Thuringe ou Franconie, l'Alamanie (Souabe), la Bavière, et les parties indépendantes de Bretagne armoricaine, d'Aquitaine, de Vascogne et de Septimanie ;

4° Les Iles britanniques composées de l'Hibernie ou Irlande, des Scots, des trois royaumes angles (Northumberland, cap. York ; Mercie, cap. Lincoln ; Est Anglie, cap. Norwich), des quatre royaumes saxons et du pays de Galles.

5° La Germanie, réduite aux Saxons ostphaliens et westphaliens, aux Jutes et aux Danois ;

6° Les peuples slaves entre la Baltique, l'Elbe, la Saale, les monts de Bohême et de Moravie, les Carpathes, le Bug, les Khazars et les Antes finnois ;

7° La Péninsule scandinave occupée par les Suéions et les Goths, et par les Nord-wéges ;

8° Le royaume lombard d'Italie, dans lequel est enclavé le duché de Rome appartenant au pape ;

9° Le royaume des Avares, entre la Bohême, la Drave, le Danube, le Bug et les Carpathes ;

10° La Servie ou ancienne Illyrie jusqu'à la Drave ; 11° La Bulgarie; — 12° les peuples scythes de l'Océan Glacial au Pont-Euxin.

TITRE IV

PÉRIODE DE 752 A 843

CHAPITRE Ier

Formation de l'Empire de Charlemagne.

Les progrès des races asiatiques dans l'Europe orientale, et surtout ceux du peuple arabe dans l'empire d'Orient et en Espagne, effrayent la race germanique. C'est alors que la papauté fait appel aux rois francs dans le but de réunir en un seul faisceau les peuples germains, de fonder un nouvel empire d'Occident capable d'arrêter, puis de chasser les nouveaux envahisseurs. Cette tâche commence avec Pépin le Bref et se termine sous Charlemagne.

En 754, Pépin enlève aux Lombards la Pentapole qu'il donne au pape, puis il soumet à ses lois toutes les parties encore indépendantes de la Gaule.

En 774, Charlemagne fait la conquête du nord de l'Italie, et ne laisse aux Lombards que Naples et le duché de Bénévent.

En 778, il attaque les Arabes et leur enlève tout le nord de l'Espagne jusqu'à l'Èbre.

En 785, il impose sa domination aux Saxons.

Enfin, en 799, il oblige à lui payer tribut les Slavons, les Lusaciens, les Tcheks ou ducs de Bohême, les Moraves, les Croates et les Serbes, qui forment une barrière contre les races de la Baltique et du Danube.

En 800, l'empire d'Occident renaît et prend le nom d'empire de Charlemagne.

Pendant ce temps, les Danois et Nord-wéges se fondent sous le nom de Northmans, et commencent leurs incursions sur les côtes de Bretagne, où ils prennent possession des Hébrides.

CHAPITRE II

Chute et démembrement de l'Empire.

Après Charlemagne, son fils et successeur est trop faible pour un empire aussi étendu. Les révoltes éclatent, et l'on a vu que ces révoltes ont amené les attaques des Arabes et des Northmans. L'empire est sur le point de s'écrouler, lorsque les trois frères Charles le Chauve, Lothaire et Louis le Germanique se décident à faire le partage par le traité de Verdun (843) : Charles le Chauve prend la France, Lothaire la Lotharingie, Louis le Germanique la Germanie.

Pendant ce temps dans le reste de l'Europe, trois changements s'opèrent :

1° Le duché slave de Pologne se fonde avec la dynastie des Piast, groupant autour de lui les Poméraniens, les Borusces, les Silésiens et les Lettons.

2° et 3° Sous l'influence des incursions des Northmans en Bretagne, les Scots forment le royaume d'Écosse, et l'heptarchie anglo-saxonne disparaît; le roi de Sussex, Egbert le Grand, fonde en 827 le royaume d'Angleterre.

CHAPITRE III

Europe en 843.

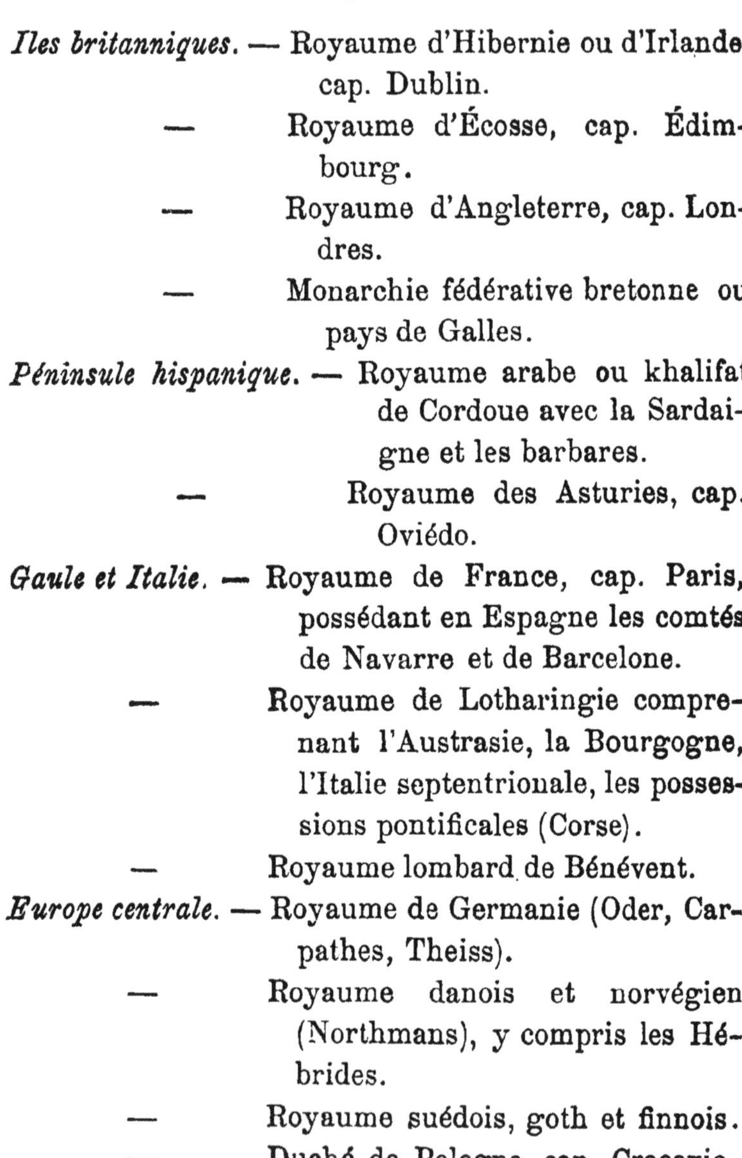

Iles britanniques. — Royaume d'Hibernie ou d'Irlande, cap. Dublin.

— Royaume d'Écosse, cap. Édimbourg.

— Royaume d'Angleterre, cap. Londres.

— Monarchie fédérative bretonne ou pays de Galles.

Péninsule hispanique. — Royaume arabe ou khalifat de Cordoue avec la Sardaigne et les barbares.

— Royaume des Asturies, cap. Oviédo.

Gaule et Italie. — Royaume de France, cap. Paris, possédant en Espagne les comtés de Navarre et de Barcelone.

— Royaume de Lotharingie comprenant l'Austrasie, la Bourgogne, l'Italie septentrionale, les possessions pontificales (Corse).

— Royaume lombard de Bénévent.

Europe centrale. — Royaume de Germanie (Oder, Carpathes, Theiss).

— Royaume danois et norvégien (Northmans), y compris les Hébrides.

— Royaume suédois, goth et finnois.

— Duché de Pologne, cap. Cracovie.

— Royaume des Avares.
— Royaume des Bulgares.
— Empire grec (Thrace, Macédoine, Malte, Sicile, Asie mineure).
Europe orientale. — Khasars et Magyars.
— Tartares ou Mongols.

TITRE V

PÉRIODE DE 843 A 987

CHAPITRE I.

Événements dans l'Europe du Nord et de l'Est.

Cette période nous fournit quatre événements principaux :

1° Les Northmans continuent leurs pirateries sur les côtes de l'Océan Atlantique, occupent les îles d'Islande et Fœroë en 861, les Schetland et les Orcades en 910, et essaient en même temps de conquérir la Grande-Bretagne et l'Irlande ; ils réussissent à occuper les côtes irlandaises, mais ils sont chassés par le roi d'Écosse et par celui d'Angleterre. C'est alors qu'appuyant vers le sud ils parviennent à s'emparer des côtes du lac de Flévo et de la Normandie en 911.

2° Une tribu appelée les Warègues ou Rossi, sous la conduite de Rurik, abandonne la Norwège et vient en 862 prendre au duché slave de Lithuanie la ville de Novgorod. Le successeur de Rurik étend les limites vers le sud jusqu'aux Carpates, et fonde le duché de Kiev en 879.

3° Une tribu des Tartares, les Cumans, chasse les Magyars et les Khazars, et oblige les premiers à faire la conquête du royaume des Avares, c'est-à-dire la Hongrie (894).

4° Les Bulgares asservissent la Servie orientale en 923, et enlèvent en 980 la Macédoine à l'empire grec.

CHAPITRE II.

La féodalité dans l'Europe carlovingienne.

France. — On sait déjà que le système féodal, introduit en 587, a été complété en 877, et que la France se trouve comprendre 10 grands fiefs. Il faut ajouter que le comté de Navarre s'est rendu indépendant et est devenu royaume en 860.

Lotharingie. — Elle se compose en 843 de l'Austrasie, de la Bourgogne et de l'Italie septentrionale. La mort de l'empereur Lothaire, en 855, sépare les trois parties : l'une, la Lotharingie proprement dite ou royaume de Lorraine, est réunie à la Germanie en 900, et devient duché de Haute-Lorraine et de Basse-Lorraine; la seconde prend le titre de royaume d'Arles; quant à la troisième, elle dépend d'abord des empereurs, mais bientôt, en 962, elle est réunie à l'empire germanique.

Germanie.—Le royaume de Germanie se subdivise dès 843 en six duchés : La Saxe, la Franconie, la Souabe, la Bavière, la Frise et la Bohême. Ces duchés dépendent des rois Carlovingiens, puis des empereurs lorsque le titre est passé aux souverains d'Allemagne en 888. Mais les attaques des Northmans au nord, et des Hongrois à l'est, ont produit l'indépendance des ducs vis-à-vis des empereurs et même des petits vassaux vis-à-vis des ducs. C'est ainsi que, outre les six duchés précédents, se fondent ceux de Haute et Basse Lorraine, les royaumes de Dalmatie, de Croatie et d'Esclavonie, les républiques de Gênes et de Venise, et le duché de Milan. Des remparts ont été élevés contre les peuples voisins de l'est, et sont devenus les marches de Brandebourg et d'Autriche. Enfin à l'extinction de la race Carlovingienne dans la personne de Louis IV, en 911, les empereurs sont choisis par les ducs qui prennent le nom d'Électeurs, et la Germanie se nomme Saint-Empire romain germanique.

CHAPITRE III.

Europe en 987.

Au nord : Royaume d'Irlande, cap. Dublin.
Royaume d'Écosse, cap. Édimbourg.
Royaume d'Angleterre, cap. Londres.
Monarchie fédérative bretonne ou pays de Galles.
Royaume danois avec les Hébrides.
Royaume norwégien avec les Schetland, les Orcades, l'Islande et les Fœroë.
Royaume suédois, comprenant les Finnois et les Antes.
Royaume goth.

A l'est : Les Tartares ou Mongols et les Cumans.
Duché de Kiev ou Russie.

Duché de Pologne (Poméranie, Prusse, Lithuanie).

Royaume de Hongrie.

Les 3 royaumes de Croatie, d'Esclavonie et de Dalmatie (y compris l'Herzégovine).

Royaume des Bulgares (Servie, Bulgarie, Macédoine).

Au sud : Empire Grec (Péninsule hellénique, Sicile).

Royaume Lombard (Naples et Bénévent).

Royaume Arabe ou khalifat de Cordoue avec les Baléares, Sardaigne).

A l'ouest: Royaume des Asturies.

Royaume de Navarre.

Royaume de France, divisé en 10 grands fiefs ou duchés.

Royaume d'Arles ou de Provence, divisé en 7 grands fiefs,

Au centre : Saint-Empire romain germanique, comprenant :

Le duché de Basse-Lorraine.

— Haute-Lorraine.

— Saxe (suzeraineté de Slavonie et marche de Brandebourg).

— Franconie.

— Souabe (comprenant l'Alsace).

— Bavière (marche d'Autriche).

— Bohême (comprenant la Lusace et la Moravie).

Les territoires de Gênes, Milan, de Venise, de Pise et de Florence.

Les États de l'Église, comprenant la Corse fief de l'empire.

TITRE VI

PÉRIODE DE 987 A 1095

CHAPITRE I.

Événements dans l'Europe Carlovingienne.

France. — La dynastie capétienne a commencé en 987 ses tentatives contre la féodalité.

Allemagne. — Elle s'accroît en 1033 du royaume d'Arles, mais le système féodal s'accentue de plus en plus : en Allemagne propre le duché de Bohême devient royaume en 1086, et deux duchés nouveaux apparaissent : celui de Nassau en 1020, celui de Carinthie en 1032; en Italie le duché de Milan se fonde, les villes maritimes s'emparent du commerce général dont la Méditerranée est le centre, et s'appellent républiques de Gênes, de Pise, de Venise. Ces républiques rivalisent même entre elles et s'étendent soit sur les côtes, soit sur les îles; ainsi Pise achète la Corse au pape en 1092, et Venise s'est déjà emparée en 997 des côtes de la Dalmatie. Enfin Rome veut non-seulement l'indépendance vis-à-vis les empereurs, mais encore la suprématie.

CHAPITRE II

Evénements dans le reste de l'Europe

Au nord : Les Danois essayent de conquérir la Bretagne, ils y parviennent en 1013; en 1042 ils sont chassés définitivement par les rois saxons et en 1066 ces derniers sont soumis à leur tour par Guillaume le Conquérant (*Géographie historique de la France*).

A l'est : La Russie fonde à côté du duché de Kiev les petits Etats de Tchernigov, de Smolensk, de Polotsk et de Twer. — La Pologne devient royaume en 992. — La Hongrie devient royaume à son tour en l'an 1000, s'agrandit en 1077 des royaumes de Croatie, de Dalmatie (moins les côtes vénitiennes), d'Esclavonie et de l'Herzégovine.

Au sud : L'Empire Grec parvient, en 1018, à reprendre le deuxième royaume Bulgare; mais il est attaqué de deux côtés : 1° par les Northmans qui lui enlèvent d'abord la Sicile et qui viennent fonder le royaume d'Epire ou d'Albanie en 1080, 2° par les Turcs, qui s'emparent de l'Asie mineure. C'est la situation prise par ces Turcs en Asie qui menace l'Europe d'une nouvelle invasion; la papauté s'en émeut et réunit contre eux les souverains de l'Europe occidentale dans des expéditions appelées croisades. — Le royaume Lombard d'Italie attaqué par les Northmans est devenu, en 1016, le royaume des Deux-Siciles. — Enfin en Espagne, le khalifat de Cordoue est démembré en 1031, et les Arabes sont chassés par les Maures en 1085; les petits Etats formant le royaume des Asturies parviennent dès lors à s'organiser sous les noms de comté de Portugal, royaumes de Castille et d'Aragon.

CHAPITRE III

Europe en 1095

Au moment où la première croisade commence, l'Europe comprend :

1° Etats du Nord

Iles Britanniques : Royaumes d'Irlande ;
— d'Ecosse ;
— d'Angleterre, possédant en France le duché de Normandie.
Pays de Galles.

Etats Scandinaves : Royaume de Norwége, possédant L'Islande, les Fœroë, les Orcades, les Schetland.
Royaume Danois possédant les Hébrides.
— Suédois y compris la Finlande.
Peuple Antes-finnois possédant l'Esthonie, la Livonie, la Courlande et la Carélie.

2° Etats de l'Est

Peuples Scythes : Cumans, Khazars, Tartares ou Mongols.

Russie : Duché de Kiew, Républiques de Novgorod, Twer, Smolensk, Polotsk, Tchernigov.

Royaume de Pologne : ayant pour vassaux la Lithuanie, les Prussiens, la Poméranie et la Silésie.

Royaume de Hongrie.

3° Etats du Sud

Empire Grec, possédant la Bulgarie, la Servie et la Sardaigne.

Royaume Normand d'Epire ou d'Albanie.

Péninsule Italique : Royaume Normand des deux Siciles (Naples, Sicile, Malte).
Etats de l'Eglise.
République de Pise et Toscane avec la Corse.
— de Gênes.
— de Venise avec les côtes de la Dalmatie.
Duché de Milan.

Péninsule Hispanique : Royaume des Maures.
Comté de Portugal.
Royaumes de Castille.
— de Navarre.
— d'Aragon.

4° Etats du Centre

Royaume de France divisé en domaine royal, féodal, étranger.

Allemagne : Royaume d'Arles (Bourgogne Transjurane ou Suisse, Bourgogne Cisjurane ou Franche-Comté, Savoie, Dauphiné, Avignon, Provence).
Lotharingie : Duché de Basse-Lorraine.
Haute-Lorraine.
Duché de Saxe (Westphalie, Slavonie, Brandebourg).
— Franconie.
— Nassau.

— Souabe et Alsace.
— Bavière et Autriche.
Royaume de Bohème et Moravie.
Duché de Carinthie (marche de Styrie).

TITRE VII

PÉRIODE DE 1095 A 1328

CHAPITRE PREMIER

Historique du Nord et de l'Est

Iles Britanniques : L'Angleterre a conquis le pays de Galles en 1283, et l'histoire de France nous apprend que, si le roi Henri II a possédé en France toute l'Aquitaine (1154), le roi Jean sans Terre a perdu en 1203 le duché de Normandie, et Henri III en 1259 ne possède plus en France que la Guyenne et la Gascogne. En 1328 va commencer la guerre de 100 ans.

Etats Scandinaves : En 1250 la Suède et la Gothie ne forment plus qu'une seule monarchie ; quant au Danemark, son roi est vassal de l'empereur d'Allemagne pour les duchés de Sleswig et de Holstein.

Côtes de la Baltique : Les Antes finnois refusent de recevoir le christianisme, les évêques voisins appellent à la conquête l'ordre militaire et religieux des chevaliers Porte-Glaives, qui soumettent l'Esthonie, la Livonie et la Courlande. En 1226 les Prussiens ou Borusces sont soumis de même par un ordre nouveau, les chevaliers Teutoniques ; et en 1237 les deux ordres se fondent en un seul, et la Prusse, la Courlande, la Livonie et l'Esthonie sont possessions du grand maître de l'ordre Teutonique.

Horde d'Or : En 1224 les Tartares ou Mongols avancent vers l'Occident jusqu'au Dnieper, chassent devant eux les Cumans qui vont s'unir aux Hongrois, renversent le duché de Kiew, s'emparent de l'Ukraine, de la Podolie, de la Wolhynie et de la Galicie.

La *Russie* devient alors la Moscovie, ou réunion de petits Etats dont le principal est le grand duché de Moscou.

Pologne : Le royaume de Pologne perd deux de ses vassaux : 1° le grand duc de Lithuanie qui devient indépendant ; 2° le duc de Silésie qui se reconnaît vassal du roi de Bohème.

CHAPITRE II.

Historique du Sud.

Péninsule Hellénique : Les croisades ou expéditions dirigées par les souverains de l'Europe centrale et occidentale contre les Turcs ont amené le démembrement de l'empire grec : en 1204 ils chassent l'empereur qui se réfugie à Nicée ; la Bulgarie et la Servie deviennent dès lors royaumes indépendants ; la république de Venise en profite pour étendre son commerce dans l'Orient et s'empare de l'Epire, de la Morée et de toutes les îles de l'Archipel et de la Méditerranée ; enfin deux duchés se fondent : Hellade ou Achaïe et Athènes, et ce démembrement subsiste en 1261 malgré le retour des empereurs de Nicée à Constantinople.

Péninsule Italique : Au sud le royaume des Deux Siciles occupé par les Normands sous la suzeraineté du Saint-Siége est le théâtre de luttes entre le Pape et les souverains Normands. En 1266 le Pape appelle à son aide le frère de saint Louis Charles d'Anjou et le royaume devient possession française. Mais en 1282 les cruautés de Charles poussent les Siciliens à la révolte, les Français sont massacrés (Vèpres Siciliennes), et la Sicile et Malte se donnent à l'Aragon.

Dans l'Italie centrale et septentrionale les empereurs d'Allemagne veulent à tout prix reprendre leur autorité. De là les guerres à partir de 1161, guerres des Guelfes et des Gibelins ou parti de l'indépendance et parti allemand. Rome et Milan sont les deux directrices principales du mouvement, et en 1228 les Allemands sont définitivement chassés de l'Italie, et les Etats indépendants installent leur gouvernement propre.

1° Etats de l'Eglise qui acquièrent Avignon en 1231.

2° Duché de Toscane dans lequel Pise devient maitresse de la Sardaigne, de l'île d'Elbe et des Baléares (1258). Mais Pise tombe en 1290 et Florence devient Capitale.

3° République de Gênes qui dispute à Pise la suprématie de la mer Tyrrhenienne et qui parvient à triompher en s'emparant de la Corse (1290). Gênes lance même ses vaisseaux dans l'Orient et fonde en Crimée la colonie de Caffa (1295).

4° Duché de Milan.

5° République de Venise déjà maîtresse de Zara, qui s'empare de l'Istrie moins Trieste en 1190, qui étend ses conquêtes dans l'Orient en 1204 et qui occupe toute la Dalmatie en 1301.

Péninsule Hispanique : Les Arabes une fois expulsés par les Maures, les quatre Etats s'accroissent de plus en plus : Le Portugal s'empare des Algarves en 1253 ; la Castille réunie au Léon en 1230 soumet l'Estramadure et l'Andalousie en 1300 ; l'Aragon prend Saragosse en 1137, Barcelone et le Roussillon se réunissent à lui en 1182, Valence se soumet en 1238, et le royaume ainsi agrandi dispute la Méditerranée occidentale aux Etats de l'Italie et acquiert les Baléares en 1259, la Sicile en 1282 et la Sardaigne en 1297.

CHAPITRE III.

France et Allemagne.

France : (Voir la *Géographie historique de la France*).

Allemagne : L'empire d'Allemagne a perdu l'Italie septentrionale moins la suzeraineté du comté de Savoie (Turin). Dans le royaume d'Arles, la Provence lui échappe en 1245 au profit de la maison d'Anjou ; quant à la Suisse elle est presque en entier propriété d'une seule maison appelée maison de Habsbourg, le représentant Rodolphe acquiert l'état ducal d'Autriche, et devenant Empereur en 1276 les Etats Suisses sont réunis à la couronne ducale Autrichienne ; mais en 1304 ces mêmes Etats commencent à vouloir leur indépendance complète, et le signal est donné par les trois cantons d'Uri, de Schwitz et d'Unterwald. — Dans la Lotharingie, le duché de Basse-Lorraine devient duché de Brabant en 1190 qui s'accroît du Limbourg en 1290, de la Hollande propre et de la Zélande en 1299. Quant à celui de Haute-Lorraine il se dédouble en 1294 en Lorraine et en Palatinat.

Dans l'Allemagne propre, le duché de Saxe ne se

compose plus que de la Misnie (Dresde), l'ancien a donné naissance en 1180 à la Vestphalie, au duché de Brunswick Hanovre, au comté d'Oldenbourg, au duché de Meklembourg, à l'électorat de Brandebourg ; la Franconie et la Thuringe disparaissent et forment la Hesse, le comté de Wurtemberg, le margraviat de Bade ; l'archevèché de Salzbourg devient fief immédiat par la réunion de la Bavière à la couronne en 1312 ; le royaume de Bohème s'accroît de la Silésie ; enfin la marche d'Autriche devient duché en 1156, possession impériale en 1276 en y comprenant la Suisse, et s'accroît de la Souabe et Alsace en 1268, de la Carniole, de la Carinthie et de la Styrie en 1282 et de la Bavière en 1312.

Enfin la couronne Impériale est donnée par élection, et les électeurs sont au nombre de 7 principaux : Archevêques de Cologne, de Mayence, de Trèves, électeur de Brandebourg, électeur Palatin, duc de Saxe et roi de Bohème.

Nota. — C'est en 1225 que le lac Flévo devient golfe de Zuyderzée (mer du Sud).

CHAPITRE IV.

Europe en 1328.

Au nord : Royaumes d'Irlande, d'Ecosse, d'Angleterre (Guyenne et Gascogne).

Royaume de Danemark (Hébrides).

Royaume de Norwège (Islande, Fœroë, Orcades, Schetland).

Royaume de Suède (Finlande).

Ingrie et Carelie aux Antes.

A l'est : Républiques de la Moscovie ou Russie.
Mongols de la Horde d'Or.
Grand duché de Lithuanie.
Possessions Teutoniques (Livonie, Esthonie, Courlande, Prusse).
Royaume de Pologne.
Royaume de Hongrie.

Au sud : Royaumes de Bulgarie, de Servie.
Empire Grec (Nicée, Thrace, Macédoine, Thessalie, Achaïe, Athènes).
République de Venise (Dalmatie, Albanie, Morée, Candie, Archipel).
Duché de Milan.
République de Gênes (Corse, Caffa)
Toscane.
États de l'Église (Avignon).
Royaume de Naples.
Royaume de Portugal.
Royaume de Léon et Castille.
Royaume Maure de Grenade.
Royaume de Navarre.
Royaume d'Aragon (Roussillon, Baléares, Sardaigne, Sicile, Malte).

Au centre : Royaume de France :
Domaine étranger (Guyenne, Gascogne, Avignon).
Domaine féodal (Artois et Flandre, Bretagne, Bourgogne, Berry, Languedoc, Anjou, Provence).
Domaine royal.
Empire d'Allemagne :

Domaine impérial (Autriche, Suisse, Bavière, Souabe, Alsace, Carinthie, Carniole et Styrie.

Domaine féodal, — Électeurs, — Cologne, Mayence, Trèves, Brandebourg, Palatin, Saxe, roi de Bohême (Silésie, Lusace, Moravie).

Non-Électeurs, Dauphiné, Lorraine, Brabant, Westphalie, Hesse, Nassau, Bade, Wurtemberg, Oldenbourg, Mecklembourg.

Archevêché de Salzbourg (Tyrol et Frioul).

TITRE VIII

PÉRIODE DE 1328 A 1453

CHAPITRE I.

Historique du Nord, de l'Est et du Sud.

Iles britanniques. — Le royaume d'Angleterre est en lutte avec la France, la guerre de 100 ans lui est d'abord favorable, et le traité de Brétigny lui assure en 1360 toute l'Aquitaine et les côtes de Picardie et d'Artois. Mais en 1453 les dernières batailles sont défavorables, et les Anglais ne possèdent plus en France que Calais. Pendant la même période le royaume d'Irlande est réuni à celui d'Angleterre en 1361.

États Scandinaves. — Les trois royaumes de Danemarck, de Suède et de Norwège ont été réunis sous la même couronne en 1397 par l'union de Calmar, mais en 1448 la Suède s'est détachée lorsque le trône devait être donné à un prince de la maison d'Oldenbourg. Le Danemark, uni à la Norwège, acquiert donc le comté d'Oldenbourg, et conserve en Suède la Scanie.

Russie ou Moscovie. — Au nord la république de Novgorod prend aux Antes l'Ingrie et la Carélie, au sud le duché de Kiev est rétabli, mais tous les Etats moscovites se reconnaissent encore tributaires de la Horde d'Or.

Pologne, Lithuanie, Hongrie. —La Lithuanie a conquis en 1331 sur les Mongols la Podolie et la Wolhynie; la Pologne leur a pris en 1340 la Gallicie et la Bukowine; la Hongrie enfin leur a enlevé la Moldavie et la Valachie en 1338, elle a ajouté les deux royaumes de Bulgarie et de Servie, mais pour les perdre de nouveau en 1396.

Ainsi constituées, la Pologne et la Hongrie sont réunies sous la même couronne en 1370; mais elles se séparent en 1382, et passent par mariage l'une, la Hongrie, à l'empereur d'Allemagne, l'autre, la Pologne, au grand duc de Lithuanie Jagellon.

Péninsule hellénique. — L'empire grec s'effondre définitivement ; les Turcs ottomans, déjà maîtres de toute l'Asie Mineure, arrivent en Europe en 1355, s'emparent de la Thrace, de la Macédoine et de la Servie en 1360, prennent la Bulgarie en 1396, et le 29 mai 1453 le sultan Mahomet II chasse de Constantinople le dernier empereur Constantin XII Dracosès. Les fiefs de l'empire grec deviennent dès lors indépendants.

Péninsule italique. — Le royaume de Naples et la Sicile sont redevenus royaume des Deux Siciles, le roi d'Aragon ayant pris Naples en 1442. Rome, enlevée aux Papes en 1309, est redevenue possession et résidence pontificale en 1377. En Toscane Pise est définitivement remplacée par Florence. La république de Venise s'est accrue en 1405 de la Terre ferme et du Frioul, et des îles Ioniennes. Le duché de Milan a réuni les villes de Parme, de Plaisance et de Guastalla en 1346. La république de Gênes dispute à Venise la prépondérance commerciale dans la Méditerranée, mais sa décadence commence. Enfin la Savoie a été érigée en duché en 1416, et possède Chambéry, Turin, Nice, la Bresse et les trois cantons Suisses du Rhône supérieur.

Péninsule hispanique. — Les cinq royaumes existent toujours, il n'y a de changements que dans l'extension de l'Aragon en Italie en 1442.

CHAPITRE II.

États du Centre.

France. — Le domaine étranger ne se compose plus que de Calais (1360) et d'Avignon (1231). Le domaine féodal est devenu domaine féodal Capétien. Le domaine royal comprend deux morceaux assez étendus (V. *Géographie historique de la France*),

Allemagne. — La ligue suisse pour l'indépendance est augmentée de Lucerne (1332), de Zurich (1351), de Glaris et Zug (1352), de Berne et Argovie (1353), de Schaffouse (1415). En Lotharingie, le Brabant est passé à la maison féodale Capétienne de Bourgogne en 1433, Dans le royaume d'Arles la Franche-Comté est devenue française en 1384, et le Dauphiné en 1343. Dans l'Allemagne propre, le comté d'Oldenbourg appartient au Danemark; l'Autriche, fief impérial et archiduché en 1453, s'est accrue du Tyrol en 1359, et de Trieste en 1382. Les autres fiefs ne subissent aucun changement; les sept électeurs sont les mêmes.

CHAPITRE III.

Europe en 1453.

Au nord : Royaume d'Écosse.
Royaume d'Angleterre (Irlande, Calais).
Royaume de Danemark et Norwège (comté d'Oldenbourg, Hébrides, Orcades, Shetland, Fœroë, Islande).
Royaume de Suède (Péninsule moins la Scanie, Finlande).

A l'est : La Horde d'Or, entre l'Oural et le Boug.
Moscovie, ou réunion des Etats Russes.
Possessions teutoniques.
Royaume de Pologne, y compris la Lithuanie.
Royaume de Hongrie (un instant dépendant des empereurs).

Au sud : Empire ottoman (Thrace, Macédoine, Bulgarie, Servie).
Etats indépendants de Thessalie, d'Achaïe, d'Athènes).
République de Venise (Terre ferme, Frioul, Istrie, moins Trieste, Dalmatie, Albanie, Moreé, Isles).
Duché de Milan (Parme, Plaisance, Guastalla).
République de Gênes (Corse, Caffa).
Toscane.

Etats de l'Eglise.

Royaume des Deux Siciles (appartient à l'Aragon).

Royaumes de Portugal, de Castille, d'Aragon, de Navarre et de Grenade.

Au centre : Royaume de France (comprenant le duché de Brabant, la Franche-Comté et le Dauphiné).

Empire d'Allemagne. :

Domaine de l'empereur (Autriche, Suisse, Bavière, Souabe, Alsace, Carinthie, Carniole, Styrie, Tyrol, Trieste.

Domaine féodal : Electeurs, — Cologne, Mayence, Trèves, Brandebourg, Saxe, Palatin, royaume de Bohême.

Non Electeurs : Lorraine, Wesphalie, Hesse, Nassau, Bade, Wurtemberg, Mecklembourg, Salzbourg.

TROISIÈME PARTIE

EUROPE MODERNE

TITRE Ier

PÉRIODE DE 1453 A 1520

CHAPITRE Ier

Événements dans les États du Nord, de l'Est et du Sud

Iles Britanniques. — Pas de changements.

États Scandinaves. — La Suède, la Norwége et le Danemark sont réunis de nouveau, lorsque le roi Christian II conquiert la Suède, en 1520.

Horde d'Or. — L'empire Mongol est divisé, en 1463, en cinq khanats : 1° celui de Nogaïs, entre le Don et le Dniester ; 2° celui de Crimée, ou petite Tartarie ; 3° celui d'Astrakan ; 4° celui du Kaptchak ; 5° celui de Kazan. Mais ils sont attaqués soit par les Turcs, soit par les Russes, et ils perdent, en 1474, la petite Tartarie jusqu'au Caucase et la suzeraineté des Etats Russes.

Russie. — En 1481 Ivan III, grand duc de Moscou, s'affranchit du joug des Tartares et forme un état indépendant autour duquel se groupent successivement les républiques de Nowgorod, de Pskov, de Biarmie (Perm), de Sévérie (Tchernigov) et de Twer. Il s'empare en même temps du Kaptchak proprement dit.

Empire Ottoman — Les Turcs s'étendent dans toute la Péninsule hellénique; ils s'emparent d'Athènes et de l'Achaïe en 1456, de la Péninsule de Morée en 1463, de l'Albanie en 1467. de l'Archipel et de la petite Tartarie en 1475, de la Servie, moins Belgrade, en 1478, de la Valachie en 1480.

Pologne. — Le royaume de Pologne, déjà maître de la Lithuanie, attaque les chevaliers Teutoniques et leur impose, en 1466, le traité de Thorn, par lequel les chevaliers cèdent la Prusse occidentale et reconnaissent la suzeraineté des rois de Pologne pour le reste. Depuis 1482 elle profite des attaques dirigées contre la Horde d'Or pour imposer sa suzeraineté à la Moldavie.

Hongrie. — Pas de changement. Elle va se trouver bientôt entre Charles-Quint et les Turcs.

Italie — La république de Gènes voit son commerce décroître rapidement soit au profit de Venise, soit au profit des Turcs qui lui enlèvent, en 1475, ses possessions de Crimée. Le duché de Milan est disputé entre les maisons de France et d'Allemagne et finit par tomber sous la suzeraineté de Charles-Quint. La république de Venise est attaquée par les Turcs, qui lui prennent la Méditerranée orientale, sauf Candie et les Ioniennes. Quant à la Savoie, à la Toscane, à Rome et aux Deux Siciles, elles ne changent pas.

Espagne. — Le royaume de Portugal reste le même; les quatre autres royaumes se fondent en un seul qui devient royaume d'Espagne : la *Navarre* est donnée en 1458 à la maison de Foix, et en 1494 elle passe avec celle-ci par mariage à la maison d'Albret ; mais en 1512, les guerres entre la France et l'Espagne produisent son partage en deux : l'une, basse Navarre au nord des Pyrénées, reste française; l'autre, Navarre haute, au sud, est donnée au royaume d'Espagne. — L'*Aragon* perd en 1462 le Roussillon qui devient français, mais en 1476 il se réunit à la *Castille* par le mariage de Ferdinand et Isabelle. Les deux princes s'emparent en 1492 du royaume de *Grenade*, en 1493 du Roussillon, en 1512 de la haute Navarre, et en 1516, le royaume d'*Espagne* ainsi formé, et possédant les Indes occidentales depuis la révolution économique de 1492, est gouverné par Charles Ier qui, en 1519, deviendra Charles-Quint.

CHAPITRE II

Europe centrale

France (Voir le cours de *Géographie historique de la France*).

Allemagne. — Suisse. La ligue d'indépendance s'accroît en 1460 de Thurgovie, en 1471 des Grisons, en 1481 de Fribourg et Soleure, en 1501 de Bale et Schaffouse, en 1513 d'Appenzel et du Tésin, et la Confédération comprend en 1520 treize cantons qui continuent à lutter contre les empereurs. — *Lotharingie*, La *Géographie historique de la France* nous apprend que les Pays-Bas, la Flandre, l'Artois sont redevenus autrichiens en 1482 et en 1493. — Dans le royaume d'Arles, l'Autriche a repris la Franche-Comté en 1493, — Quant à l'Allemagne propre, le duché de Bavière est redevenu indépendant en 1507, et plusieurs villes sont devenues villes libres (Lubeck, Hambourg, Brème, Francfort,

Cologne, Mayence, Strasbourg.....) comme faisant partie de la ligue Hanséatique En 1495 un nouveau duché est créé en faveur du Wurtemberg, qui acquiert Montbeillard. Mais en 1512, l'empereur Maximilien Ier se décide à donner au vaste territoire allemand une division politique et le partage en 10 cercles. C'est ainsi constitué que les sept électeurs le confient en 1520 au gouvernement de Charles-Quint (Voir la *Géographie historique de la France*).

CHAPITRE III

Europe en 1520

Au nord. — Royaumes d'Angleterre et d'Écosse (îles Anglo-Normandes).

Royaume Scandinave (Hébrides, Orcades, Schetland, Fœroë, Islande, Holstein, Sleswig et Oldenbourg, vassaux de l'Allemagne).

A l'est. — Empire de Moscovie, entre le golfe de Finlande et l'Oural.

Tartares de la Horde d'Or (trois khanats : Nogaïs, Astrakan, Kazan). Pologne (suzeraineté des Chevaliers Teutoniques et de la Moldavie). Royaume de Hongrie.

Au sud. — Empire Ottoman (Péninsule entière, Servie, Bulgarie, Valachie, mer Noire complète, Archipel).

États indépendants de l'Italie : Duché de Savoie, Gènes (Corse), Venise (Dalmatie, Terre ferme, Candie, îles loniennes), Toscane, États de l'Église (Avignon).

Royaume de Portugal,

Royaume de France.

Empire de Charles-Quint. — Il se compose : du royaume d'Espagne (Roussillon, Espagne, Baléares, Sardaigne, Deux-Siciles);

des possessions italiennes (duché de Milan);

de l'Empire d'Allemagne divisé en dix cercles (Autriche, Bavière, Souabe, Franconie, Haute-Saxe, Basse-Saxe, Westphalie, Haut-Rhin, Bas-Rhin, Bourgogne. (Cet empire comprend lui-même les possessions de l'Empereur et les possessions féodales.

Domaine Impérial : Autriche, Carinthie, Carniole, Styrie, Trieste, Tyrol, Souabe, Alsace, Franehe-Comté, Artois, Flandre, Pays-Bas, Suisse.

Domaine féodal. — Électeurs : Cologne, Trèves, Mayence, Palatin, Brandebourg, roi de Bohème.

Non électeurs : Lorraine, Wesphalie, Hesse, Nassau, Mecklembourg, possessions danoises, Bade, Wurtemberg, Bavière, Salzbourg.

TITRE II

PÉRIODE DE 1520 A 1610

CHAPITRE Ier

Europe septentrionale, orientale, méridionale.

Iles Britanniques. — Le royaume d'Ecosse acquiert les Hébrides en 1536 et les Schetland et Orcades en 1589; celui d'Angleterre perd Calais en 1558, et ces deux royaumes se fondent en un seul, qui prend le nom de royaume de la Grande-Bretagne, en 1603.

Etats Scandinaves. — En 1523 la Suède se révolte contre le Danemark et prend pour roi Gustave Wasa, mais le Danemark conserve la Norwége et la partie méridionale de la Péninsule suédoise (Scanie). La Suède s'étend du côté de l'est, et impose en 1609 à la Russie la paix de Viborg qui lui cède l'Ingrie et la Carélie.

Russie. — L'empire Moscovite enlève à la Horde-d'Or les deux khanats de Kazan en 1552 et d'Astrakan en 1554, et prend possession de la mer Blanche où elle fonde Arkangel. Mais la dynastie des Rurik s'éteint en 1598 et les dissentions intestines commencent, dissensions dont profitent la Suède et la Pologne.

Horde-d'Or. — Il ne lui reste plus que le khanat des Tartares Nogaïs qui se reconnaissent tributaires des Turcs.

Pologne. — Elle attaque les Chevaliers Teutoniques qui essayent de rompre leur vassalité, surtout depuis que le grand maitre est devenu membre de la maison de Brandebourg (1525) et leur enlève la Courlande en 1561, l'Esthonie et la Livonie en 1582. Elle lutte en même temps contre la Russie et lui prend la Russie blanche (Witepsk et Smolensk). Mais elle perd la Moldavie.

Turquie. — L'empire Ottoman continue ses progrès au nord et sur la Méditerranée : au nord, il s'empare de Belgrade, de l'Esclavonie, de Temeswar, de la Transylvanie et de la Moldavie ; sur mer, il occupe Rhodes, Chypre et les Cyclades en même temps qu'il s'étend sur les côtes d'Afrique.

Hongrie. — Placée entre Charles-Quint et les Turcs, elle est disputée à la fois par les deux empires, et ce qui n'est pas devenu possession ottomane, passe aux domaines autrichiens en 1570.

Italie. — Le royaume des Deux-Siciles est passé à l'Espagne en 1556, ainsi que le duché de Milan. Le duché de Savoie a perdu la Bresse, en 1601, et les cantons suisses du Rhône en 1550. — Venise continue la décadence qui a commencé en 1492, elle perd les Cyclades et Chypre. — La Toscane devient grand duché en 1531. — Enfin Malte est donnée par Charles-Quint aux Chevaliers de Saint-Jean, que les Turcs ont chassés de Rhodes en 1522.

Portugal. — Il est réuni à l'Espagne en 1580

CHAPITRE II.

France. — Empire de Charles-Quint.

France. — Voir la *Géographie historique de la France.*

Empire de Charles-Quint. — La lutte soutenue à la

fois contre la France et les Turcs décide l'Empereur à diviser ses États en deux parties :

Le royaume d'Espagne est donné à Philippe II, en y ajoutant les Baléares, la Sardaigne, la Sicile, Naples, Milan, la Franche-Comté, l'Artois, la Flandre et les Pays-Bas. Mais ces derniers veulent secouer le joug espagnol, et en 1579 les sept provinces du Nord forment l'Union d'Utrecht dans le but de proclamer leur indépendance. En 1580, Philippe II s'empare du Portugal.

Les possessions autrichiennes et la couronne impériale sont transmises à Ferdinand Ier, lequel réunit à ses domaines la couronne de Bohême et la Hongrie occidentale en 1556. Mais il perd en 1559 Metz, Toul et Verdun.

Pendant ce temps les ligues suisses se sont grossies de l'alliance de Lausanne et de Genève ; la Hesse s'est divisée, en 1567, en Hesse-Cassel et Hesse-Darmstadt ; le Mecklembourg a formé deux branches : Schwérin et Strélitz.

CHAPITRE III.
Europe en 1610.

Au nord : Royaume-uni de la Grande-Bretagne et de l'Irlande (Hébrides, Orcades, Shetland).

Royaume de Danemark (Norwége, Scanie, Islande, Fœroë, Oldenbourg, Sleswig, Holstein)

Royaume de Suède (Ingrie et Carélie).

A l'est : Empire de Russie, de la mer Blanche à la mer Caspienne.

Horde d'Or. Tartares Nogaïs, vassaux des Turcs

Royaume de Pologne (suzeraineté de la Prusse orientale qui appartient à Albert de Brandebourg).

Au sud : Empire Ottoman (Nogaïs, Moldavie, Transylvanie, Temeswar, Esclavonie).

États indépendants de l'Italie (Gênes, Savoie, Venise, Toscane, Rome).

Royaume d'Espagne (Espagne et Portugal. Milan, les Deux-Siciles, Franche-Comté, Artois, Flandre, Pays-Bas).

État de Malte aux chevaliers de Saint-Jean.

A l'ouest : Royaume de France.

Empire d'Allemagne, divisé en 10 cercles. Il se compose de :

Domaine impérial : Autriche, Carinthie, Carniole, Styrie, Trieste, Tyrol, Souabe, Alsace, Bohême, Silésie, Moravie, Hongrie propre, Croatie, Suisse, Herzégovine.

Domaine féodal : Les sept Électeurs, Lorraine méridionale, Westphalie, Nassau, Hesse-Cassel, les deux Mecklembourg, Possessions Danoises, Bade, Wurtemberg, Bavière, Salzbourg.

TITRE III

PÉRIODE DE 1610 A 1661

CHAPITRE Ier.

Événements principaux.

Deux événements principaux transforment l'Europe pendant cette période, resultant tous deux des tentatives faites dans les États en vue de fonder l'unité monarchique : l'un, dans l'Europe occidentale, est la deuxième grande lutte entre la France et les deux branches nées de l'Empire de Charles-Quint; l'autre, dans l'Europe orientale, est la lutte entre la Suède, la Pologne et la Russie, résultant des dissensions moscovites dont les deux autres puissances veulent profiter.

Europe occidentale. — La deuxième lutte de la Franco contre les monachies engendrées par Charles-Quint a été sur le point de commencer dès 1610 sous les auspices de Henri IV à propos de la succession de Clèves. Mais la mort de ce roi diffère la guerre jusqu'en 1618, et Clèves est donné à l'Électeur de Brandebourg. Celui-ci a déjà hérité de la Prusse orientale en 1611. En 1618 la guerre de Trente ans éclate, la France a pour alliés le Portugal, les Provinces-Unies, le Brandebourg et la Suède. En 1640, le royaume de Portugal est définitivement indépendant, et en 1648, les traités de Westphalie proclament : 1° l'indépendance des sept Provinces-Unies de Hollande, Zélande, Utrecht, Gueldre, Frise, Over-Yssel, Groningue, auxquelles on donne Anvers, le Limbourg et le Brabant septentrional; 2° la cession à la France de l'Alsace moins Strasbourg; 3° la cession à la Suède de la Poméranie occidentale (Stralsund, Stettin, île de Rugen), des bouches du Weser (Brême, Verden); 4° cession à l'Électeur de Brandebourg de Minden, de Magdebourg et de la Poméranie orientale; 5° l'indépendance des 13 Cantons suisses. Cette paix est complétée en 1659 par celle des Pyrénées, qui nous donne l'Artois et le Rousslon, et à l'Angleterre Dunkerque. En même temps, en Allemagne, le duché de Bavière forme un huitième électorat, et l'Électeur de Brandebourg parvient, en 1657, à imposer à la Pologne le traité de Wehlau, qui lui enlève la suzeraineté de la Prusse orientale. Enfin, c'est en 1634 qu'une ordonnance de Louis XIII fait passer par l'île de Fer le premier méridien français.

Europe orientale. — Le royaume de Pologne impose à la Russie, en 1634, le traité de Wiazma, qui lui donne la Sévérie (Tchernigov); mais en 1657, elle perd la Prusse ducale, et en 1660, elle est obligée d'accorder à la Suède l'Esthonie et la Livonie par le traité d'Oliva. En même temps la Suède prend la Scanie au Danemark par les traités de Roskild et de Copenhague, et le traité de Kardis avec la Russie lui confirme l'Ingrie et la Carélie.

CHAPITRE II.

Europe en 1661.

Au nord : Royaume de la Grande-Bretagne et de l'Irlande (Dunkerque).

Royaume de Danemark et Norwége (diminué de la Scanie).

Royaume de Suède (Scanie, Esthonie, Livonie, bouches de l'Oder et du Weser.

A l'est : Empire de Russie (moins la Sévérie).

Royaume de Pologne (plus la Sévérie, moins l'Esthonie, la Livonie et la Prusse orientale).

Au sud : Empire ottoman.

Etats indépendants de l'Italie : Savoie, Gênes, Venise, Toscane, Rome.

Etat de Malte.

Suisse : les 13 cantons de Berne, Zurich, Lucerne, Fribourg, Uri, Schwytz, Unterwald, Zug, Glaris, Bâle, Soleure, Schaffouse, Appenzell.

Royaume de Portugal.

Royaume d'Espagne (moins les Provinces-Unies, l'Artois, le Roussillon).

Au centre : République des 7 Provinces-Unies.

Royaume de France.

Empire d'Allemagne (10 cercles et 8 électorats). Le Domaine impérial a perdu l'Alsace moins Strasbourg, et les 13 cantons Suisses.

Les pertes du Domaine féodal sont : la Poméranie suédoise, Brême et Verden ; mais l'Electorat de Brandebourg, a gagné personnellement Clèves, Minden, Magdebourg, la Poméranie orientale et le duché de Prusse.

TITRE IV

PÉRIODE DE 1661 A 1721

CHAPITRE Ier.

Evénements principaux

Europe occidentale. — La politique de Louis XIV contre les deux monarchies espagnole et autrichienne tend à les séparer définitivement en donnant à l'Espagne un souverain de la famille de France, et elle engendre les quatre grandes guerres du règne. — Dans les deux premières la France prend à l'Espagne la Flandre (1668), et la Franche-Comté (1679), (traités d'Aix-la-Chapelle et de Nimègue); dans la troisième, le traité de Ryswick enlève à l'Autriche Strasbourg (1697); mais si la quatrième donne la couronne d'Espagne à Philippe V, petit-fils de Louis XIV, les traités d'Utrecht (1713), et de Rastadt (1714) donnent : 1° Gibraltar et Minorque à l'Angleterre ; 2° les Pays-Bas, Naples, le Milanais et la Sardaigne à l'Autriche ; 3° la Sicile à la Savoie. — En outre, l'Electeur de Brandebourg est reconnu roi de Prusse et acquiert par héritage la principauté de Neufchâtel (1707) ; le duc de Savoie est reconnu roi de Savoie, titre qu'il change en 1720 contre celui de roi de Sardaigne, quand il échange cette dernière île contre la Sicile ; le royaume d'Angleterre acquiert le Hanovre, Brunswick. dont le roi Georges, nommé Electeur en 1692, succède à la couronne du Royaume-Uni en 1714, et le protectorat du Portugal ; il nous a cédé Dunkerque en 1662.

Europe orientale. — Deux événements sont produits par la politique des sultans et par celle des czars.

1° La Turquie veut arriver à la possession de la Hongrie complète et du versant de la mer Noire ; elle lutte dès lors contre l'Autriche, la Pologne et la Russie, tout en continuant la conquête de la Méditerranée sur Venise. En 1676, elle prend à la Pologne la Podolie (Kaminiec) par le traité de Zuravno ; en 1669, elle s'est déjà emparée de Candie ; mais elle est refoulée jusqu'au Danube par deux traités : en 1699 la paix de Carlowitz donne la Podolie à la Pologne, la Morée à Venise, Azov à la Russie (qui la rendra en 1711), et à l'Autriche la Transylvanie et l'Esclavonie ; en 1718, celle de Passarowitz complète la précédente en donnant à l'Autriche Temeswar et Belgrade. Mais l'Autriche a consenti à céder l'Herzégovine.

2° La Russie veut devenir une puissance européenne ; il lui faut pour cela des ports sur la Baltique et la mer Noire et le territoire intermédiaire. De là trois guerres nécessaires : contre la Suède, contre la Pologne et contre la Turquie. Le projet contre la Suède est réalisé par Pierre le Grand en 1721, celui de la Pologne sera complet en 1795 sous Catherine II, quant à celui de la Turquie, il commencera avec Catherine II, mais pour devenir aujourd'hui ce qu'on appelle la question d'Orient. — En 1697 le traité d'Andrussov oblige la Pologne à lui donner Tchernigov et Smolensk, en 1686, celui de Moscou lui rend Kiev, enfin elle acquiert Azov en 1699. C'est alors que Pierre le Grand attaque le roi de Suède Charles XII. Celui-ci, d'abord victorieux, est enfin obligé de se réfugier chez les Turcs, qui lui accordent leur alliance. Mais Pierre le Grand annule cette alliance en rendant aux Turcs Azov par le traité du Pruth, 1711, forme avec les puissances de la Baltique une coalition contre Charles XII et celui-ci est obligé de se sauver en Suède en 1715. Le traité de Nystadt est signé en 1721 et donne : 1° à la Russie l'Ingrie, la Carélie, l'Esthonie et la Livonie, 2° à la Prusse, la Poméranie, moins Stralsund, et l'île de Rugen que la Suéde conserve, 3° au Hanovre, et par conséquent à l'Angleterre, Brême et Verden. — C'est à cette époque que Pierre le Grand fonde St-Pétersbourg en 1703.

CHAPITRE II.

Europe en 1721.

Au nord : Royaume Britannique (Gibraltar, *Minorque*, Hanovre, Brême et Verden, protectorat du Portugal).

Royaume de Danemark et Norwège.

Royaume de Suède (moins Ingrie, Carelie, Esthonie, Livonie, Poméranie, bouches du Weser).

A l'est : Empire de Russie (Ingrie, Carelie, Livonie, Smolensk, Severie, Ukraine).

Royaume de Pologne (moins la Severie et l'Ukraine).

Au sud : Empire Ottoman (moins Transylvanie, Esclavonie, Temeswar, *Belgrade*, Morée, — Candie et Mostar).

Royaume de Sardaigne.

Italie : *Gênes*, *Toscane*, Rome, Venise (moins Candie, plus la Morée).
Etat de Malte.
Royaume de Portugal (sous le protectorat Anglais).
Royaume d'Espagne (moins Gibraltar, Minorque, Sardaigne, les Deux-Siciles, Milanais, Pays-Bas, Flandre, Franche-Comté).

Au centre : Royaume de France.
Les 7 provinces Unies.
Confédération des 13 cantons Suisses.
Allemagne divisée en 10 cercles et comprenant 9 électorats dont 1 royaume :
Royaume de Prusse : Prusse Orientale, Poméranie, Brandebourg, Magdebourg, Minden, duché de Clèves, principauté de Neufchâtel.
Domaine Autrichien : Autriche, Carinthie, Carniole, Styrie, Trieste, Tyrol, Souabe, Moravie, Bohème, *Silésie*, Hongrie, Transylvanie, Esclavonie, Croatie, Temeswar, Belgrade, Pays-Bas, *Milanais*, les *Deux Siciles*.
Domaine féodal : Duchés de Sleswig, Holstein et d'Oldenbourg (Danemark).
Duchés de Meklembourg (2).
Duché de Brunswick Hanovre (Angleterre).
Hesse Cassel et Hesse Darmstadt.
Duché de Nassau.
Duché de Westphalie (Archevêché de Cologne).

Duché de Lorraine.

Duchés de Bade, de Wurtemberg, et de *Bavière.*

Duché et Electorat de Saxe (roi de Pologne depuis 1697).

Archevêques de Cologne, de Trèves, de Mayence, de Salzbourg.

Palatinat du Rhin.

Villes libres de Francfort, Hambourg, Lubeck-Stralsund (Suède).

TITRE V

PÉRIODE DE 1721 A 1789

CHAPITRE PREMIER

Evènements principaux.

Europe Occidentale : Le royaume de Prusse tient à s'agrandir et à profiter des attaques dirigées contre l'Autriche par les souverains d'Espagne et de France pour la supplanter en Allemagne. L'Autriche, en effet, réunit au Milanais la Toscane, mais elle perd :

1° En 1735, par le traité de Vienne, la Lorraine qu'elle donne au beau-père de Louis XV et qui sera française en 1766, et le royaume des Deux-Siciles qui est donné au fils du roi d'Espagne ; 2° en 1748, par le traité d'Aix-la-Chapelle, la Silésie Septentrionale donnée à la Prusse, Parme et Plaisance rendus au deuxième fils du roi d'Espagne. L'Espagne parvient en outre à reprendre Minorque à l'Angleterre par le traité de Versailles 1783. En Italie, la république de Gênes nous cède la Corse en 1768. Enfin en Allemagne la mort de l'Electeur de Bavière, 1777, réduit à 8 le nombre des Electorats et ses Etats passent à l'Electeur Palatin.

Europe Orientale. La politique de la Russie continue et elle entame la question de la Turquie et de la Pologne, en s'alliant à l'Autriche et à la Prusse. La Turquie parvient en 1739 à reprendre la Morée et Belgrade par le traité du même nom, et la Suède de son côté veut profiter de ce succès pour essayer de recouvrer la Néva; mais elle est vaincue et obligée en 1743 par la paix d'Abo de céder encore le Kyméné. Enfin la Pologne est attaquée et la Turquie la soutient; les trois puissances alliées victorieuses font le premier partage de 1772 qui donne 1° à la Prusse, la Prusse Occidentale moins Dantzig et Thorn ; 2° à l'Autriche la Galicie (Lemberg) et la Bukowine (Czernowitz); 3° à la Russie toute la Duna et le haut Dniéper (Witepsk, Polotsk, Mohilew et Minsk).

Puis la Russie se tourne contre les Turcs et leur impose en 1774 le traité de Kaïnardji qui lui donne les côtes de la mer Noire du Kouban au Dniéper.

CHAPITRE II.

Europe en 1789.

Angleterre. — Iles Britanniques et Anglo-Normandes, Gibraltar, Hanovre, protectorat du Portugal.

Danemark et Norwège. — Islande, Fœroë, duchés Allemands de Slewig-Holstein et d'Oldenbourg.

Suède. — Stralsund, Rugen, Bothnie et Finlande jusqu'au Kyméné.

Russie, possédant à l'est le lac d'Enara, le Kyméné, Riga, Polotsk, Minsk, Kiev, les bouches du Dniéper.

Pologne. — Courlande, Lithuanie, Dantzig, Thorn, Posen, Cracovie, Kaminiec, Jitomir, Grodno.

Turquie. — Herzégovine, Servie, Valachie, Moldavie jusqu'au Dniéper.

Les Deux-Siciles. — Naples et la Sicile.

Etats de l'Eglise. — (Rome, la Romagne, Avignon).

Venise. — Terre ferme, Istrie moins Trieste, Dalmatie, îles Ioniennes.

Gênes.

Royaume de Sardaigne. — Savoie, Piémont (Turin, Alexandrie), Nice.

Etat de Malte aux chevaliers de Saint-Jean.

Espagne. — Espagne propre moins Gibraltar, les Baléares.

Portugal. — Sous le protectorat Anglais.

Hollande. — Groningue, Frise, Overyssel, Drenthe, Gueldre, Utrecht, Hollande, Zélande, Anvers, Limbourg, Bois-le-Duc.

Confédération des 13 cantons Suisses ou Suisse actuelle à laquelle manquent Genève et Sion qui ne sont qu'alliées, et Neufchâtel propriété de la Prusse.

France.

Allemagne, comprenant 10 cercles et 8 électeurs dont 1 roi.

Royaume de Prusse : *Prusse* moins Dantzig et Thorn, *Poméranie*, *Brandebourg*, *Silésie* (Breslau), *Magdebourg*, *Minden*, *duché de Clèves*, *Neufchâtel*.

Domaine Autrichien : *Galicie*, *Bukowine*, *Silési*

(Troppau), *Bohème*, *Moravie*, *Autriche*, *Hongrie*, *Transylvanie*, *Temeswar*, *Esclavonie*, *Croatie*, *Styrie*, *Carniole*, *Carinthie*, *Trieste*, *Tyrol*, *Souabe*, *Pays-Bas*, *Milan et Toscane*.

Domaine féodal : Duchés Danois.

Hanovre (Angleterre) y compris Verden et la ville libre de Brême.

Les deux Meklembourg.

Les deux Hesse.

Nassau.

Westphalie (Cologne).

Bade.

Wurtemberg possédant en France Montbéliard.

Saxe (royaume de Pologne).

Electeur Palatin (Palatinat et Bavière).

Electeurs ecclésiastiques de Cologne, de Trèves et de Mayence.

Villes libres : Francfort, Hambourg, Lubeck, Stralsund (Suède).

QUATRIEME PARTIE

EUROPE CONTEMPORAINE

TITRE Ier

PÉRIODE DE 1789 A 1811

CHAPITRE Ier

Événements principaux.

Europe orientale. — La décadence de la Suède, de a Pologne et de la Turquie continue au profit des puissances russe, autrichienne et prussienne. En 1792, le traité de Jassy donne le Dniester à la Russie ; en 1793 et 1795, les deuxième et troisième partages de la Pologne donnent, 1° à la Russie la Lithuanie, la Courlande, la Podolie et la Volhynie ; 2° à l'Autriche Cracovie, Zamosc et Lublin ; 3° à la Prusse Dantzig, Thorn, la Posnanie et Varsovie. Enfin, en 1808, le traité de Stockholm recule les limites de la Suède jusqu'à Tornéa. Mais les événements de l'Europe occidentale viennent modifier les effets de cette politique.

Europe occidentale. — C'est le moment où éclate la Révolution française ; la monarchie absolue est renversée et fait place à un gouvernement choisi par la nation. On sait qu'en 1791 ce gouvernement national divise la France en départements et réunit le comtat d'Avignon. Mais cette révolution effraye les souverains de l'Europe, les coalitions se succèdent contre nous. La première (1791-1797) est générale, la France est victorieuse, le traité de Bâle (1795) nous donne la rive gauche du Rhin que nous reconnaissent toutes les puissances, sauf l'Autriche et la Sardaigne, et en 1797, Bonaparte impose à ces deux derniers souverains le traité de Campo-Formio :

1° La rive gauche du Rhin est française (Pays-Bas autrichiens, Palatinat du Rhin, duché prussien de Clèves); 2° la Hollande devient République batave; 3° la Savoie et Nice complètent nos limites des Alpes; 4° le territoire de Gênes est appelé République ligurienne, et ceux du Milanais et du Piémont forment la République cisalpine; 5° en compensation de toutes ces pertes, l'empereur d'Allemagne reçoit le territoire vénitien (Terre-Ferme, Frioul, Istrie et Dalmatie); 6° le pape nous cède la Romagne, et le roi de Sardaigne ne conserve que l'île.

En 1798, le représentant de la Révolution française continue l'établissement de ce système de républiques sur nos frontières : République romaine et République helvétique (les 19 cantons suisses); en même temps, il réunit Genève, Mulhouse et l'île de Malte.

La deuxième coalition (1799-1801) est vaincue, le traité de Lunéville oblige l'Autriche à reconnaître de nouveau la paix de Campo-Formio et l'indépendance des cinq républiques précédentes. — Les Anglais nous enlèvent l'île de Malte. C'est alors que l'Empire français est fondé en faveur de Bonaparte qui prend en 1804 le titre de Napoléon Ier.

La troisième coalition se lève en 1805 et se compose

de l'Angleterre, de l'Autriche et de la Russie, les armées françaises sont victorieuses, et la paix de Presbourg enlève : 1° à l'Autriche les États vénitiens (Terre-Ferme, Frioul, Istrie et Dalmatie); 2° à l'Angleterre, le Hanovre que la France donne à la Prusse en échange de Neufchâtel.

Devant ces attaques constantes, l'empereur se décide à assurer nos frontières en complétant son système de républiques ou d'États fédératifs. En 1806 : 1° la République batave devient royaume de Hollande, composé de neuf départements, et donné à Louis; 2° le royaume des Deux-Siciles est enlevé aux Bourbons qui ont soutenu les coalitions, la Sicile seule leur est conservée, et l'Italie méridionale se nomme royaume de Naples confié à Joseph ; 3° les États vénitiens enlevés à l'Autriche en 1805, la Romagne ou Pentapole prise au pape en 1797, le Milanais reconnu indépendant par l'Autriche en 1801, sont réunis sous le nom de royaume d'Italie. et reconnaissent pour roi l'empereur lui-même, qui donne la vice-royauté à Eugène. Enfin, 4° l'Allemagne et l'empereur acceptent la division suivante : l'empereur ne conserve que ses États propres, sauf la Souabe, et prend le titre d'empereur d'Autriche, le royaume de Prusse est mis de côté, le domaine étranger rentre dans le domaine des souverains propres, et les États des ducs et électeurs forment, sous le protectorat de Napoléon Ier, la confédération du Rhin ; cette confédération comprend les deux Mecklembourg nommés grands ducs, le roi de Bavière, le grand-duc de Bade et le roi de Wurtemberg, le duc de Nassau, le grand-duc de Hesse-Darmstadt, le roi de Saxe et les princes du Rhin.

Devant un tel bouleversement, le roi de Prusse et l'empereur de Russie forment avec l'Angleterre la quatrième coalition (1806 et 1807). La France est victorieuse, et le traité de Tilsitt enlève à la Prusse le Hanovre, ses possessions à l'ouest de l'Elbe, et ce que lui a donné le dernier partage de la Pologne. Deux États sont alors formés : 1° le grand-duché de Varsovie donné au roi de Saxe, y compris Cracovie, Zamosc, Lublin ; 2° le royaume de Westphalie donné à Jérôme, et composé des États prussiens, de la Westphalie et de la Hesse-Cassel ; 3° les bouches de l'Ems et du Weser jusqu'à l'Elbe forment quatre départements français.

En 1808, il manque à notre influence dans l'Ouest du continent européen deux territoires dont les souverains résistent, grâce au soutien de l'Angleterre, le pape et le Portugal. Le pape est fait prisonnier de la France et Rome devient partie intégrante de l'empire ; quant au Portugal, c'est dans le but de l'atteindre que Napoléon force l'abdication du roi d'Espagne en sa faveur, et le royaume d'Espagne est donné à Joseph, dont Murat est le successeur au trône de Naples. Une cinquième coalition se forme entre l'Angleterre et l'Autriche en 1809, et le traité de Vienne enlève à l'empereur d'Autriche : 1° le Tyrol, qui est donné à la Bavière ; 2° la Carinthie, la Carniole et la Croatie qui, réunies au Frioul, à l'Istrie et à la Dalmatie, vont former le gouvernement des provinces illyriennes. — La France avait conquis en outre, en 1807, les Iles Ioniennes qu'elle avait appelées république des Sept-Iles-Unies, mais en 1809 l'Angleterre parvient à s'en emparer.

En 1811, le roi de Hollande Louis abdique, et son royaume est réuni à l'Empire.

CHAPITRE II.

Europe en 1811.

Angleterre : Iles Britanniques et Anglo-Normandes, Gibraltar, protectorat du Portugal, îles Ioniennes, Malte.

Danemark et Norwège : Islande, Fœroë, Sleswig-Holstein.

Suède : Stralsund, Rugen, Botnie Occidendale.

Russie : Finlande, Botnie Orientale, golfe de Finlande et de Livonie, Lithuanie, Wolhynie, Podolie, le Dniester.

Turquie : Moldavie, Valachie, Servie, Herzégovine et la Péninsule entière.

Royaume de Sicile.

— Sardaigne.

Portugal sous le protectorat anglais.

Empire d'Autriche : Bukowine, Gallicie, Silésie (Troppau), Bohême, Moravie, Autriche, Hongrie, Transylvanie, Temeswar, Esclavonie, Styrie.

Royaume de Prusse : Prusse, Moravie, Brandebourg, Silésie (Rreslau).

Empire français :	France, 86 départements.	86	130
	Savoie, Piémont, Gênes, Haut-Rhône, Nice, Parme, Toscane et Rome..	18	
	Rive gauche du Rhin....	13	
	Hollande, Ems et Weser.	13	

Protectorat : République helvétique (19 cantons) ; les 6 ajoutés sont Argovie, Grisons, Saint-Gall, Turgovie, Vaud, Tesin.

Royaumes de Naples.
— d'Espagne.
— d'Italie.

Provinces illyriennes.

Confédération du Rhin:
- Royaumes de Westphalie.
- de Saxe (grand duché de Varsovie).
- de Bavière (Tyrol et Salzbourg).
- de Wurtemberg.
- Grands duchés de Meklembourg (2).
- de Hesse-Darmstadt.
- de Bade.
- Duché de Nassau.

TITRE II

PÉRIODE DE 1811 A 1815

CHAPITRE I.

Événements principaux.

La question d'Espagne et de Portugal soulève contre la France la populalion de la Péninsule, la Russie et l'Angleterre profitent de ce mouvement et nous excitent à une lutte. La campagne de Russie est défavorable à nos armées en 1812, et nos désastres excitent de nouveau contre nous les puissances européennes qui forment la sixième coalition en 1813. Nos désastres continuent, la France est envahie en 1814, et l'Europe nous impose le retour de la monarchie absolue, obligeant Napoléon à se réfugier dans l'île d'Elbe. Mais les Français n'ont accepté Louis XVIII qu'à contre cœur, et en 1815 Napoléon parvenant à débarquer à l'insu de l'étranger, Louis XVIII s'enfuit, et l'empire est rétabli. L'Europe lance contre nous la septième coalition, nos armées sont battues, les traités de 1815 réduisent nos frontières en leur imposant les deux trouées, et nos dépouilles sont partagées de la façon suivante :

CHAPITRE II.

Europe en 1815.

Angleterre : Iles Britanniques et Anglo-Normandes. Gibraltar, Helgoland, protectorat des îles Ioniennes; Malte,

Danemark : Presqu'île du Jutland, 7 îles de la Baltique, Sleswig et Holstein.

Suède et Nowège : abandonnant Stralsund et Rugen.

Russie : comprenant la Bessarabie qu'elle a enlevée à la Turquie en 1812, et le royaume de Pologne, c'est-à-dire le grand-duché de Varsovie moins Posen et Cracovie.

Royaume de Pologne.

République de Cracovie, sous le protectorat de l'Autriche.

Turquie : Limitée au Pruth.

Royaume de Sardaigne : Savoie, Piémont. Gênes, Sardaigne.

États de l'Église : Rome, la Romagne.

Grand duché de Toscane, duché de Parme (sous le protectorat de l'Autriche).

Royaume de Naples et de Sicile, rendu aux Bourbons.

Portugal.

Espagne, rendue aux Bourbons.

Suisse, les 22 cantons actuels.

Royaume des Pays-Bas, Hollande et anciens Pays-Bas Autrichiens.

France (Royaume).

Allemagne : divisée toujours en 3 parties, mais dépendant de l'empereur d'Autriche.

1° Autriche : Bukowine, Gallicie, Silésie-Autrichienne, Bohème, Moravie, Autriche, Hongrie, Styrie, Temeswar, Carinthie, Carniole, Croatie, Esclavonie, Transylvanie, Dalmatie, Salzbourg, Tyrol, Frioul, royaume Lombard-Vénitien, grand duché de Toscane, duché de Parme et Plaisance.

2° Prusse : Brandebourg, Silésie, Prusse, Posen, Pomeranie complète, Lusace, duchés Saxons, (Magdebourg, Erfurth), duché de Westphalie (Munster, Minden), Prusse Rhénane (entre Coblentz, Wesel, Clèves, Aix-la-Chapelle, Trèves).

3° Confédération Germanique.
- Hesse-Cassel.
- Hesse Darmstadt.
- Bavière,
- Wurtemberg.
- Bade.
- Saxe.

3° Confédération Germanique. (*Suite.*)	Duchés de Saxe (Cobourg, Gotha, Meiningen, Hildburghausen, Weimar, etc.). Meklembourg. Nassau. Hanovre. Brunswick. Oldenbourg. Villes libres (Lubeck, Brème, Verden, Francfort, Hambourg).

La Confédération comprend en outre les possessions Danoises du Holstein, les Etats Autrichiens qui sont de race allemande, de même pour les domaines Prussiens, enfin les pays Hollandais de Luxembourg et de Limbourg, et cette Confédération est régie par la diète de Francfort.

TITRE III

PÉRIODE DE 1815 A 1875

Les changements territoriaux qui ont engendré l'Europe actuelle sont les résultats de neuf évènements principaux.

1° En 1819 le royaume de Prusse veut arriver à supplanter l'Autriche en Allemagne et à rétablir l'empire à son profit. Il attire à lui les divers Etats de l'Allemagne propre en établissant entre eux la communauté des intérêts commerciaux dont il concentre la défense entre ses mains. Cette communauté se nomme Union douanière ou Zollverein et est acceptée par les Etats situés au nord du Mayn qui dès lors forment la Confédération du Nord, Une union semblable s'établit entre ceux du Sud.

2° En 1829 les peuples du Sud de la Péninsule hellénique se révoltent contre leurs conquérants de 1453, la Russie essaye d'en profiter pour arriver à l'accomplissement complet de ses projets sur la mer Noire. Mais l'Europe Occidentale intervient, et le traité d'Andrinople proclame : 1° l'indépendance et la formation du royaume de Grèce ; 2° l'indépendance de la Servie, du Monténégro, de la Valachie et de la Moldavie. Ces quatre provinces se nomment les principautés Danubiennes et choisissent leurs souverains, payant seulement un tribut à l'empire Ottoman. La Valachie et la Moldavie se fondent en un seul Etat qui prend le nom de Roumanie.

3° En 1832 les populations du sud des Pays-Bas veulent de leur côté se rendre indépendantes du roi de Hollande, et la Belgique est reconnue. Sa constitution est complète en 1839.

4° En 1832, le royaume de Pologne, reconnu en 1815 sous le protectorat de la Russie, est définitivement supprimé et le territoire est réuni à l'empire Russe.

5° En 1846, l'exemple précédent est suivi par l'Autriche vis-à-vis de la république de Cracovie qui est réunie à la Gallicie.

6° En 1859, les Etats de l'Italie, soit Autrichiens, soit indépendants, tendent vers la fusion, la France les soutient, et tous, sauf Rome et la Vénétie, deviennent royaume d'Italie, et reconnaissent le roi de Sardaigne qui nous cède la Savoie et Nice.

7° En 1864, la Prusse fait un premier pas vers l'unification politique allemande et enlève au Danemarck le Sleswig-Hostein.

8° En 1866 elle continue en s'alliant avec l'Italie et attaque l'Autriche qui perd la Vénétie donnée à l'Italie et qui ne fait plus partie de l'Allemagne. La Prusse acquiert en outre la Hesse-Cassel, le Hanovre et le duché de Nassau.

9° En 1870 l'unité allemande exige l'extinction de la Confédération germanique, mais la France est à craindre. La guerre éclate, la France est vaincue, l'Alsace-Lorraine devient prussienne, et l'empire d'Allemagne est reconnu par le traité de Francfort.

Paris. — Typ. Seringe Frères, Place du Caire, 2

www.ingramcontent.com/pod-product-compliance
Ingram Content Group UK Ltd.
Pitfield, Milton Keynes, MK11 3LW, UK
UKHW022053170726
13837UKWH00002B/914

9 782329 455723